MAKING MONEY WHILE YOU SLEEP!

寝ながら稼ぐ

121の方法

ジェームス・スキナー

KADOKAWA

寝ながら稼ぐ121の方法
目次

第1章　水を汲むより川を掘る

働き過ぎた時代　2
目が覚めたアフリカの旅　6
働くときにお金をもらってはならない！　8
一回の仕事、何万回もの支払い　12
時間を売るな！　15
足し算ではなく、掛け算でいこう……　19
振込確認業　23
自分の湖へ流れる大きな川を掘ろう……　24

第2章　会社を辞める前に会社で稼ごう！

自分の賃金を引き上げよう……　30

お金持ちになる人の仕事の選び方　30
所得倍増の5つの戦略　33
戦略その一　思い切ってリスクを取ろう……　34
戦略その二　数字がすべて　36
戦略その三　ビジネスは〝紙〟を信じる宗教　39
戦略その四　簡単にオンリーワンになるためには　45
戦略その五　嫌な仕事は大好き　48
ちょっとだけの間、起きていながら稼ごう……　50
自分の仕事のアウトソーシング　51

第3章　お金がお金を生む

利息を払うより、利息をもらう道　56
銀行口座の正体　59
ゼロ金利時代だからこそ、金利収入を上げる！　64

第４章　慢性的黒字を生み出す会社の作り方

起業して儲かる秘訣　72
自分のわかる商売をしよう……　73
一日でも早く入金を　74
ＦのＶ化（コピー機も電話機も買わなかった）　77
慢性的黒字はこうやって生まれる　84
ＶのＦ化（立ててはならない売上がある）　88
お客様をやめて、メンバーにしよう……　96
左《ひだり》団扇《うちわ》の弁護士　101
こうやって売上がシステム化される　102
先々まで契約しよう……　104
その商品を売ってはならない！　105
売るなら、せめて代金を貸そう……　107
社長の座も譲ろう……　108

会社を売った後でも儲かり続ける!!! 110

第5章　株式市場は資産形成を加速させる

第一部　早速ゲームに参加しよう！

勝つためには、ゲームに参加しなければならない！ 116
プロのギャンブラーに学ぶ投資術 118
教訓その一　勝てるゲームを選ぶ 119
教訓その二　逃げ上手になる 123
教訓その三　人のふんどしで相撲を取る 125
投資の3つの感情 129
集中すべきか？　幅広くやるべきか？ 137
ポートフォリオという考え方：5つの引き出し 139
①緊急用の引き出し 140
②安定した収入の引き出し 141
③長期投資の引き出し 142

④加速成長の引き出し　145
⑤人生を楽しむ引き出し　145
あなたの時速は何キロ？　146
麻雀と同じだよ　148
あなたが大手証券会社やファンド・マネジャーよりも優秀な理由　150
スーツを着たサメと一緒に泳ぐな！　154
その手数料高くない？　156
投資と投機の違いはこうやって見分ける　158

第二部　どの市場でも儲かる方法を知ろう！

高校生でも億万長者になれる！　162
賢い人は愚か　165
次のマイクロソフト、アップル、アマゾンを探し出す確実な方法　167
その会社の業種すら知らなかった　173
市場が上がっても、下がっても……　175

ダメ会社を探そう…… 180
市場のリスクはこうやって無くせる！ 181
株が収入源になる日 186
投資に保険をかける⁉ 188
情報が無料の時代だからこそ情報を買う 191

第6章　お金持ちはみんな不動産を持っている

賃貸か？ 購入か？ 194
不動産投資の7つの特典 195
不動産は、一週間以内に儲かるもの⁉ 198
都市計画が将来の宝船 199
誰もが住みたい街 203
問題だらけの物件は最高だ！ 205
このマンションをもらってあげてもいいよ 208

銀行からお金を借りられない相手がありがたい　210
Airbnb の時代　212
少額不動産投資は、こうやって実現する　213
借金は最大の投資⁉　215

第7章　持ち物のすべてが現金の源

資産と負債の本当の違い　218
働かないことは最大の美徳⁉　220
ロールス・ロイスを買った私の友達　224
電力会社からまだ電気を買っているのか？　225
高速道路ができた日には……　225

第8章　印税生活への道

金額を考えるな！　パーセンテージを考えよう……　228
簡単に取れる著作権入門　231

歌は大金を生む　234
特許で20年間も　235
登録商標も大事　239
URLだけでもあり？　242

第9章　広告塔になろう！

注目さえされれば、あなたも媒体者　246
ブログを書かなくちゃ　248
YouTubeで稼ごう……　252
服を着るだけで……　253
看板が凄い！　254
スポンサーを探そう……　256
人のことを良く言うとこうなる　258
国税局が商売をやり始めた日　259

第10章　SNSとインターネットの時代
Facebookのページは持っているよね!? 262
出会い系サイトで80億円を稼いだ面白い男 263
40万件のダウンロードをこのように 264
iTunesとAmazonがあなたを自由にする 265
ネットオークションの正しい使い方 266

第11章　忍者が儲かるその理由
月謝はお金の洪水 270
免許料もありがたい 272
資格を取るよりも資格を作る 273

第12章　ネットワーク・マーケティングは嫌なもの？ 最高のもの？
ネットワーク・マーケティングは業種ではない！ 276

定期購入がミソ　278
会社の選び方を心せよ……　279
ダウンラインの教育とモチベーションが物を言う　281
本当に永続するのか？　283

第13章　世界に広がるフランチャイズとライセンス契約

うまいドーナツは国内よりも海外へ　286
72ヶ国に広まった　288
人と人をつなげるだけで　290
ただで配れば、世界一の大富豪に　291

第14章　迷惑をこうむってなんぼ

どうぞそこにビルを建ててください　296
養育費と慰謝料について　297

止《や》めさせるよりやらせる（権利侵害の数々） 298

第15章　金融業界の天才たちが考えた

金融業に学ぶ 302
なぜ航空会社がクレジットカードを発行するのか 303
紹介料がおいしい 305
一回売れば、コミッションは何回ももらう 306
お金を預かるだけで、チャリン 307
固定手数料も、変動手数料も 309

第16章　世界を美しくしていこう！

エレベーターを掘れば…… 314
初詣に行って思うこと 315
収集しているものは何？ 317

世界一の日本庭園　318
我が家に遊びにおいで　319

第17章　政府の甘い汁を吸う

漁業と農業は何業？　322
免許を取得すれば……　323
クレーン車を購入した父の友達　324
人の税金を払ってあげる⁉　326
電波を押さえた人たち　327
砂は永遠に　328

第18章　保険をかける

保険会社になる　332
セキュリティの時代　333
貸金庫が不足している　334

年金っていいもの？　335
子供を作ろう……　336

第19章　１２１の方法

おさらいをしよう……　340
寝ながら稼ぐ１２１の方法　341
原則を思い出そう！　349

第20章　早速始めよう！

収入を増やすか？　経費を抑えるか？　354
時間を味方にする　357
計画を立てよう……　358
私も手伝ってあげる……　360
お金が好きになる　362
終わりに　364

編集協力：芳賀みみ（株式会社 J-NEXT）
本文写真： Javier Brosch/shutterstock
本文デザイン：JAMES

Making money while
you sleep!

第1章

水を汲むより
川を掘る

働き過ぎた時代

若い頃、私はコピーライティング及び技術翻訳の仕事をしていた。そのときの請求形態というのは、一文字いくらというものだった。

「チャリン」

パソコンの前に座り込み、キーボードを叩く。すると、不思議な音が聞こえてくる。

そう、これでお金を稼いだのである。

またキーボードを叩く。

「チャリン」

三文字を打つ。

「チャリン、チャリン、チャリン」

五文字を打つ。

「チャリン、チャリン、チャリン、チャリン」

手を休めてみる。

「シーン」と、何の音も聞こえない。


そして、叩きまくり始める。


これで、**仕事に追われる人生**が始まる。

締め切り、締め切り、締め切り。

徹夜続き。

休みが取れない。

キーボードを叩くたびに「チャリン」。

手を休めるたびに「シーン」。

叩きまくるしかない。

まるで鐘の音に調教されている犬である。**仕事の奴隷**なのだ。

だって、手を休めていれば、お金が入ってこない。生活ができなくなる。喰ってはいけない。だから働く。

しかし、働いている割には、生活が豊かになってはいない。
仕事が暇になると、電気代も払えない。
仕事を断るのが怖くて、休みも取れない。
もっといい方法があるはずに違いない。

あなたも同じ気持ちになったことがあるだろうか？
仕事ばかりしている。
そうかといって、思うほど豊かになってはいない。
もっといい方法があるに違いないのだ!!!

もっといい方法があるはずだ！

英語では、この状況を「**rat race=ネズミのレース**」と呼んでいる。
少しばかりのチーズを得るために、ネズミは必死に**迷路**の中を走る。しかし、やっとチーズを手に入れたところで、今日の食事の分にもならない。またチーズを得るために走らなければならない。

本書は、この「**ラットレース**」からの脱出口を示してくれるものである。**お金の迷路**に迷っている人に**地図**を与えるものである。また、走るときよりも、走らないときの方が儲かるということを教えてくれるものである。

走るときより、走らないときの方が儲かる！

あなたの望んでいる生活はどのようなものだろうか？

- どこに住みたいのだろうか？
- どのような車に乗りたいのだろうか？
- バカンスのとき、どこに行きたいのだろうか？
- どのぐらい働きたいのだろうか？
- 毎日、どのような気持ちで過ごしたいのだろうか？

寝ながら稼ぐ方法を学べば、その生活はきっと実現できるはずである。


想像してみてください。

南の島のビーチでゆっくり寛《くつろ》いでいる。

バナナとマンゴーのスムージーでも飲みながら、波の音が聞こえる。

隣に愛する伴侶が横になっている。そよ風が顔に当たる。そして、刻々と、あなたの銀行残高が増えていく……

目が覚めたアフリカの旅

初めてアフリカに行ったときのことである。

2週間の旅程で、シンガポールを経由して、モーリシャス島のビーチでゆっくりしてから南アフリカのサファリに参加するというものだった。


見たことのないものばかり。

透き通る美しいインド洋。

真っ白な砂浜。

大自然に生息するライオン、ヒョウ、サイ、ゾウ。
感動の連続だった。

しかし、帰ってきたとき、もうひとつの感動が私を待っていた。
出発したときよりも、自分の総資産の金額が増えていたということである。
そう、まさに**寝ながら稼いでいた**のである！

そこで、私の目が覚めた。
起きていて、働いているときに稼ぐのではなく、寝ていて、休んでいるときに稼いだ方が良い。その方が絶対に気持ちがいい。ストレスがない。それでないと、自分の理想の生活が手に入らないのではないか。

起きていて稼ぐより、寝ながら稼ぐ方が気持ちいい。

しかし、どうすれば、それを継続的に実現できるのだろうか？

働くときにお金をもらってはならない！

ほとんどの人が「ラットレース」に巻き込まれている。そして、その理由は簡単である。それは、**安心感**を求めているからである。**安定**がほしい。いや、安定こそが人生最高の価値観だと思っている。

しかし、自然界は安定を好まない。

少しでも自然界を観察すれば、すべての物は進化し、成長と衰退を繰り返しているということがわかる。

安定を求めるからこそ、ラットレースに巻き込まれる。

私が初来日した頃、バリバリ昭和時代の真っ最中だった。

総合商社を中心とした元財閥の系列が経済界に君臨し、戦後の急成長が続き、日本が世界から無敵にみえた。そして、どの企業も**終身雇用**の制度を導入していた。

大学を卒業し、就職さえ決まれば、それで一生が安定しているようにみえた。就職先企業で、それなりに頑張れば、徐々に昇進し、主任になり、係長になり、課長になり、部長になっていく。そして、最後は定年退職をして、**退職金**をもらい、**年金生活**が始まる。何も心配することはない。

その様子をみて、私は周囲の人たちに言い始めた。

「この安定は幻《まぼろし》に過ぎない。終身雇用といっても、企業の業績が悪化すれば、必ずリストラと解雇が待っている」

それに対して、誰もが反発した。

「そんなことはないよ！　日本は他の国とは違う。業績が悪化しても、日本では、解雇はしない。大丈夫だよ」

そして、韓国や中国との競争が激化してきたとき、案の定、日本の大企業は、軒並みにリストラの嵐となった。あっという間に、日本の終身雇用の神話が崩壊した。

安定の幻ほど高くつくものはない。

毎月必ず賃金がもらえる。

働いた分は必ず払われるから安心だ。

一生涯、この仕事ができるはず。

この会社なら大丈夫。


そう思うことの代償があまりにも大きいのではないか。

なぜなら、企業は、安定させてあげるという約束と引き換えに、**安月給**を設定しているからである。


不安定な職業ほど、賃金と報酬は高い。

保証がないことと引き換えに正当な代金を請求できる。

この構造が普遍であり、不変である。

安心の幻ほど高くつくものはない！

寝ながら稼ぐためには、少し**安心領域**の外に出る必要がある。

そして、その最初に破るべき大きな**心の壁**は、「働くときにお金をもらう」というものだ。

寝ながら稼ぐ人は、働かないというわけではない。

働くときにお金をもらわないだけである。

寝ながら稼ぐということは、働かないということではない。

私のコピーライティングと技術翻訳の時代を思い出してみてほしい。

キーボードを叩くと、「チャリン」と音がして、確実にお金が入ってくる。

手を休めると、「シーン」である。即刻にお金の流れが止まる。

ところが、今は違う。

キーボードの前に座っていることに変わりはない。

しかし、キーボードを叩くときは、「シーン」である。

何の音も聞こえてこない。

お金にならない。

今はお金の流れが止まっている。

3回叩いても、5回叩いても、「シーン」なのだ。

そして、やがて原稿のすべてを打ち込み終わったとき、「チャリン、チャリン、チャリン、チャリン、チャリン」と、いつまで経ってもお金の流れが止まることはない！

一回の仕事、何万回もの支払い

以前の私の働き方の問題点は明白である。

昨日と今日、今日と明日、**お金を稼ぐ手間**がまったく変わらないということだ。いつまで経っても、楽にはならない。

かえって、難しくなることさえある。

競争が激化して、技術の革新が進み、海外からの競合が生まれることで、賃金が昔と比べて激減した職業は決して少なくはない。従来の働き方では、しんどくなる一方なのだろう。

寝ながら稼ぐという発想は、それと正反対である。
今日は多少苦しくても良い。明日さえ楽になれば……
昨日より今日、今日より明日、明日より明後日、同じ金額を稼ぐ手間を減らしていく。

つまり、**収入**を作り出そうとしているのではない。
収入源を作り出そうとしているのだ！

収入を作るより、収入源を作り出すことだ。
すると、昨日より今日、今日より明日、楽になっていく。

今、私は原稿を書くとき、賃金をもらおうとは思わない。
保証も要らない。

今は、一月の中旬である。
外は、一面真っ白な雪に覆われている冬景色。
この本の出版予定は、夏頃。

最初にお金がもらえるのは、秋になってからなのだろう。

しかし、それからは、本屋で読者が本を購入するたびに、ネットでダウンロードするたびに、「チャリン、チャリン、チャリン」。

そのとき、温泉でゆっくりしていよう。
寝ながら稼ぐというわけなのである！

16年前に書いた原稿に対しても、今もなお毎年印税の振込がある。
一回働いて、何万回もの給料日。

安定はしていない、保証もない、でもこの方がいいのではないだろうか？

安定は要らない！

時間を売るな！

サラリーマンやOL、いやほとんどの経営者にいたるまで、時間を売っている。


一時間いくらという発想である。

あるいは、**一年いくら**という発想である。

つまり、**労働賃金**というほかない。


この発想でいけば、大きなお金を得るためには、働く時間を増やすしかない。

あるいは、退職するまでの勤続年数を延ばすしかない。


しかし、私たちは、**労働時間**を増やそうと思っているわけではない。

減らそうと思っているのだ。

そして、最終的に大きな**不労所得**を生み出し、労働時間を完全に無くしていこうと考えている。

だから、発想を変えなければならない。

アルベルト・アインシュタインが次のように述べている。

「我々の直面する重要な問題は、それを作り出したときと同じ考えのレベルでは、解決することができない」

まさにその通り。新しい考え方が必要なのである。

労働時間を減らし、収入を増やすことが目標である。

お金は**労働の対価**ではない。

時間の代償でもない。

努力の酬いではない。

価格は、かかった費用によって設定するものではない。

賃金は、労働時間で計算するものでもない。

お金は、人間のために**価値を創造する結果**であり、生み出した価値の大きさに合わせて計算すべきである。

いくら時間をかけても、人のためにならなければ、お金をもらうべきではない。いくら努力しても、結果が出ない限り、会社はその努力に酬いるわけにはいかない。いくらコストをかけても、顧客が喜んでいなければ、無意味である。いや、かえって、社会にとって害だというべきだろう。資源を浪費しているだけではないか！

お金は、労働対価ではない。価値創造の結果である！

私自身が、経営者として、この発想転換を起こしたときのことを今でも鮮明に覚えている。

当時、企業研修を販売する会社を経営していた。

それまでの研修業界の常識というのは、講師派遣料と資料代を請求するというものだった。つまり、講師の時間を売り、資料については、**コストプラス一定の利益**で販売をするというものである。

しかし、これではダメだ。

いつまで経っても、**時間効率**が上がらない。

そこで、**発想・パラダイムの転換**をすることにした。時間とコストに基づく請求ではなく、顧客に提供する価値に基づく請求に。

講師派遣料をやめて、研修に参加する顧客の従業員ひとり当たりの価格設定にした。研修を受ける人数が増えれば、それだけ、顧客企業にとってのメリットが大きいはず。マニュアルなどの資料に会社がいくら費用をかけているのかは、顧客にとってみれば、どうでもいいことなのである。こちらのかける手間も関係がない。大事なのは、従業員が教育を受けることであり、彼らの常日頃の行動や成果が改善されるということだ。

このたったひとつの発想転換をすることにより、売上が大きく上昇し、時間効率が大幅に改善された。そして、それまでは、一回のセミナーについて、20〜30人の参加者だったのが、今となってみれば、一回あたり数百人の参加者に変わった。

自分の時間には計り知れない価値があり、それは自分の人生そのものである。「**時は金なり**」などではない、「**時はすべてなり！**」。

時間を売ってしまう発想をやめて、時間効率を追求するということは、寝ながら稼ぐ道への第一歩なのだろう。

あなたの時間には計り知れない価値がある。
請求は、かけた手間に基づくのではなく、作り出した価値で決まる。

足し算ではなく、掛け算でいこう……

経営コンサルタントの道に入り、経営やお金の専門家として活動し始めて、早くも27年もの歳月が流れた。白髪が少し生《は》えてきたことと引き換えに、今までの素晴らしい顧客企業やセミナーの参加者たちのおかげで、多くの知恵を得ることができた。そして、その最大の知恵のひとつは、**掛け算が足し算に勝る**ということである。

お金を得ることが、価値創造の結果だとすれば、価値を大きくする必要がある。そして、その秘訣は、一回一回の価値・**金額**を大きくすることではなく、そのひとつの価値を提供する**回数**を多くするということだ。

金額より回数だ！

金融業界に入り、数十社の子会社を持つ金融グループの役員をしていたときのことである。

大手銀行からある部長を引き抜き、香港にある子会社の社長になってもらった。しかし、いつまで経っても、売上が上がらない。

一体なぜだろうか？

調査するために、現地に向かった。

香港駅の真上に佇《たたず》む高層ビルの会議室で、ゆっくりと社長の話を聞いた。そこでわかったことは、社長はすべての顧客に対して、「うちは何でもできます。やってほしいことを教えてください。そうすれば、御社にぴったりの商品とサービスを提供させていただきます」と、こういう営業トークを展開していた。

そして、彼は優秀だから、お客様のニーズにぴったりな商品やサービスを実際に提供できる。

問題は、結局すべてが社長の時間にかかっていたということである。

毎回毎回、ゼロから作り直す。昨日と今日、今日と明日、稼ぐのにかかる手間はまったく一緒なのだ。

足し算の発想に過ぎない。

足し算の発想では、いつまで経っても楽にはならない。

同じ金融グループの別の子会社の役員会に参加するためにスイスのシオンという街に出向いた。

そこの社長はまったく違う発想だった。

それぞれの役員や担当者から、様々な商品やサービスのアイディアを聞き出した。しかし結局のところ、社長がそのすべてをペケにした。

最後にひとつだけの商品に絞り、社長が宣言した。

「あなたの今までの仕事は何であったのかは知らないが、今あなたの仕事はたったひとつしかない。それは、この一商品を販売するということである。今まで経理だったとしても、総務だったとしても、今は違う。今あなたの仕事は、この商品の販売に貢献することだ。次の2ヶ月で、この商品をうまく販売できなければ、私を含めて、全員が新しい就職先を探さなければならない！」

これは**掛け算の発想**である。
ひとつの**価値を定義し、何回も複製し、多くの人に提供をする。**

これなら、時間効率は上がる。
管理も容易にできる。
システム化も可能になる。

そして、次の1年間で、その商品は2000億円も売れた！

掛け算の発想は、時間効率を高め、段々楽になる！

振込確認業

寝ながら稼ぐという言葉に出会い、そのやり方を研究し始めてから、仕事のやり方がまったく変わった。働くときにお金をもらわない。一回の仕事に対して、何回もの支払いを受ける。時間を売らない。足し算ではなく、掛け算に集中をする。いかにして時間の効率を上げられるのか。

そうすることで、執筆していても、セミナーをやっていても、ビジネスを立ち上げていても、価値創造と労働提供を切り離して考えるようにしている。

価値創造と労働提供を切り離して考える！

今朝も、地球の反対側にいる事業パートナーのひとりと電話で会議をしていた。新しい会社を立ち上げるという相談である。そして、私たちの話は終始、いかにして一回の仕事で何回もの支払いを受け取ることができるのか、どれほど時間効率を高めることができるのかというものだった。

常に様々な事業や仕事に関わっているため、頻繁に人から聞かれる質問がある。

「ジェームスの本業って結局何なのか？」

そこで、私は次のように答えるようにしている。

「**振込確認業！**」


振込を確認するだけで済むぐらい仕事を磨いていきたい。

そして、最後は、振込の確認も人に委任しよう……


振込を確認するだけで済むぐらい仕事を磨いていこう！

自分の湖へ流れる大きな川を掘ろう……

ここで、ひとつの**湖**を想像してみよう。

この湖は、命の水を与えてくれる。

そして、ほとんどの人が、その湖に水を汲みに行く。

当たり前な発想である。
水が必要だ。
汲むしかない。

しかし、やがて、**湖の水位**が下がり、生活が苦しくなる。
どうすればいいのだろうか?

寝ながら稼ぐ人は、自分の湖から水をもらうという発想はない。
自分の湖に水を与えるという発想である。

だから、毎日、その湖へと流れる**川を掘りに行く**。
やがて、複数の大きな川ができて、いくら汲んでも、湖の水は減ることがない。

水を汲むより、川を掘る!

この湖はあなたの**銀行口座**である。
そして、自分の労力は、**収入を得る**ためではなく、**収入源を作る**ことに利用すれば、大きなお金の流れを複数確保することができて、やがていくらお金を使ったとしても、残高は大きく減ることはない。

本書を通して、この川の掘り方を教えていこう。

あなたはいくつぐらい**寝ながら稼ぐ方法**を知っているだろうか？
今すぐにリストアップしてみてください。
これは「寝ながら稼ぐ頭」の育成に必要なことであるから、実際に紙とペンを取り出し、あるいは自分のパソコンや携帯電話のメモ帳を開いて、書き出してみてもらいたい。

いくつあったのだろうか？
そして、その中で今実際に実践しているものは、いくつあるのだろうか？

あなたはいくつぐらい寝ながら稼ぐ方法を知っているだろうか？

ほとんどの人は、ありふれた方法しか知らないのだろう。
利息、**配当金**、**マンションの賃貸料**、このくらいはすぐに思い浮かべる。

それらも確かに素晴らしいけれど、それだけなら自分の今の状況に合うとも限らないし、ゼロ金利時代においては、金利や配当金だけでは、生活しようとしても結局のところ、無理なのだろう。

本書の中で、私のとっておきの「寝ながら稼ぐ方法」をたくさん紹介していきたい。そして、自分の銀行口座という湖に流れてくる121もの川の掘り方を教えていくことにしよう。

激変の世の中だからこそ、複数の川を確保しておきたい。

そして、安心して、最高の人生を送れるようになろう。

本書の中で紹介するものには、**見張り**ながら稼ぐものもある。**うたた寝**しながら稼ぐものもあれば、**爆睡**しながら稼ぐ方法もある。必死に働いてから稼ぐものもあれば、最初に知恵だけを絞って、それから楽々と稼ぐ道もある。

しかし、そのいずれの道であったとしても、あなたの時間の効率を大きく改善し、行き着く所は、理想とする自由で豊かな生活であるのだ。

本書は寝ながら稼ぐ方法を１２１も紹介している！

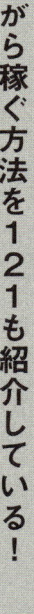

Making money while
you sleep!

第2章

会社を辞める前に会社で稼ごう!

自分の賃金を引き上げよう……

寝ながら稼ぐスタート地点は、起きていながら稼ぐことである。

つまり、仕事をするということだ。

その理由は明白である。

ほとんどの人は、人生の最初から投資できる資本も持っていなければ、大きく稼げるノウハウもアイディアもない。

だから、会社などに就職して、仕事や社会の仕組みを学びながら、貯金して、投資などができる最初の資本を貯め込む。

そして、そうだからこそ、本書の冒頭において、そこにおける収入の引き上げ方について紹介する必要がある。

お金持ちになる人の仕事の選び方

裕福になる人とそうでない人、就職の時点から大きな違いがみえてくる。それは、裕福になる人は、他の人と就職先の選び方が違うということである。

ほとんどの人は、会社を選ぶとき「この仕事でいくら稼げるだろうか？」とか、「賃金は高いのか？ 低いのか？」とか、「この会社は有名企業なのか？ 安定した生活を保障してくれるのか？」などを考えがちである。

ところが、これは裕福への道を外れた決断であり、人生を誤ることにもなりかねない。

お金持ちになる人は、就職先を選択するとき、違うことを考えている。

「この仕事に対して、私はどのぐらいの**パッション**があるのか？」

これが先にくる。

そして、「ここに就職すれば、誰と一緒に仕事ができるのか？ その人から何を学ぶことができるだろうか？」と続く。

つまり、最初の就職先で大きく稼ぐことを考えていない。最初の仕事は学校の延長線上であり、自分の**情熱・夢**を追求し、そして社会・ビジネス・お金などについてさらに学ぶ。

就職先は、情熱・上司と同僚・何を学べるのかで選ぶべきである。

私の友達にジャックという人がいる。

ジャックは大学を出たとき、ある保険会社に就職した。その理由は、上司と同僚の質であった。上司は、保険の営業で、全国ナンバーワンの実績を誇り、同僚も極めて優秀な人間だった。

その事務所に入り、上司から教わりながら、たくさんの人に出会うことができた。そのひとりは、上司のメンターに当たる人であった。そして、上司、上司のメンター、隣の席にいた同僚に成功への道を教えてもらった。

今、ジャックは突拍子もなくお金持ちである。執筆した本は、3億部以上もの販売実績を誇る。

そう、ジャックとは、『こころのチキンスープ』の共同著者ジャック・キャンフィールド、上司は『私が活用して大富豪となった実践的成功法則』の著者W・クレメント・ストーン、上司のメンターに当たる人は、『思考は現実化する』の著者ナポレオン・ヒル、隣の席に座っていた同僚というのは、『地上最強の商人』の著者オグ・マンディーノ!!!

ジャックが大きく成功したのは、そうした環境の当たり前の結果に過ぎなかった。

所得倍増の5つの戦略

長年にわたり、多くの会社を経営し、また経営コンサルタントとして数知れずの企業を診てきた中で、気づいたことがある。それは、どの会社であっても、その会社における高給取りにはパターンがあるということである。

そして、そのパターンを学び、実践することにより、あなたの収入を確実に引き上げることができる。

経営者が喜んで年間何千万円・何億円もの報酬を払う従業員もいれば、法律で定まっている最低賃金額を払うのも嫌だと思う従業員もいる。

あなたはどちらに当たるだろうか?

前者になるための戦略は5つあるが、あなたはどれを実践していくのだろうか？

戦略その一：思い切ってリスクを取ろう……

会社において、最も大きな報酬を受け取るのは、リスクを取っている人という場合が多い。これには、2種類ある。

① **金銭的リスク**
② **法的リスク**

金銭的リスクとは、つまり自分のお金をその事業にかけることであり、または、事業が損失を被ったとき、自らその損失を負うということである。

多くのベンチャー企業を立ち上げる中で、よく見かける勘違いがある。

それは、従業員が経営者の所にやって来て、「株を持たせてください」という言葉である。

株式は、資本を投入し、リスクを負った人の特権であり、企業の**売却益・上場益・利益の配当**などが、そうしたリスクを実際に負う人の当然の酬いなのである。

株式を持つことは、資本を提供し、金銭的リスクを負う酬いである。

または、会社の債務の**連帯保証責任**を負うという金銭的リスクもある。

私は以前、出版会社を経営していたことがあるが、そのとき、返品のリスクに対して、すべて連帯保証責任を負わなければならなかった。となれば、そのリスクを負っていない他の従業員と比べて、大きな報酬を受け取らなければ割が合わないということはいうまでもない。

それと別に会社の**法的責任**を負うという仕事もある。

大概の場合、従業員が何かの法律に抵触したとき、責任（逮捕など）が問われるのは、本人ではなく、会社の役員の方。

従って、そのリスクに対して、報酬を受け取るのは当然だ。

私の知り合いで、この法的リスクを把握し、低減させることがとてもうまい人がいる。

彼は、多くの企業の役員になり、書類を検証し、署名し、普段は何の仕事もしていないが、その会社の法的責任を引き受けるというだけで、スイスのアルプスで葡萄園に囲まれながら悠々と暮らしている。

ハイリスク＝ハイリターン！

戦略その二：数字がすべて

会社が人を雇うのは、**数字**を上げるためである。ビジネスはまさに数字の世界。

あなたが雇われていれば、何かしらの数字を改善するために雇われている！


営業マンであれば、営業実績を上げるように雇われている。

人事部で働いていれば、必要な人員を確保し、また離職率を低減させるために雇われている。

クレーム処理を行なっていれば、クレームの処理件数、一回あたりの処理時間、または顧客満足度の数字が肝心になる。


賃金を払うということは、会社からしてみれば、この数字を買っている。

従って、賃金を引き上げてもらう簡単な方法は、自分の出している数字を改善することである。

ビジネスは数字の世界！

そこで、大切なことが4つある。
そのどれが欠けていても、収入の改善には結び付かない。

① **数字を知っている**：まず、自分は一体どのような数字を出すために雇われているのかを**明確**にしておく必要がある。

自分は、売上だけが大事だと思っていても、会社が顧客満足度の数字を重要視していれば、売上を上げたところで、望んでいる賃金の引き上げにはならない。

早速、上司と相談してみよう。
「私はどういう数字を出すように期待されているのでしょうか？」

②**数字を把握している**：優秀な従業員というのは、どのような数字を出すために雇われているのかを知っているだけでなく、その数字は現時点においてどのレベルにあるのかを**測定し、把握**している。

以前、私はあるホテルの総支配人と親しくしていた。とても優秀な人間であった。何を聞いても、すぐ数字で答えてくれる。「今のチェックインはどのぐらい時間がかかりますか？」と聞くと、「今は3分47秒が平均です。年内に、3分30秒に縮める目標を設定しています」と答えた。

その彼が、すぐに大手ホテルチェーンの社長として引き抜かれて、今となっては、お金持ちになり、家族と一緒に香港で生活している。

③**数字を改善している**：自分の数字を把握した上で、目標を立てて、**改善策**を打ち出そう。これは当然なことであり、会社の期待に応えることである。

④**数字を報告している**：最後のステップで、多くの会社員が損をしている。数字を知っていても、把握していても、改善していても、それだけでは、酬われない。その**数字を報告する**までは、会社にとってみれば、無意味である。

従って、**誰に、いつ、どのような形で**報告するのかを明確にしていこう。口頭でいいのか？　メールがいいのか？　報告書にまとめる必要があるのか？　毎日なのか？　毎週なのか？　四半期毎なのか？

こういうことが意外と肝心。

誰に、いつ、どのような形で自分の数字を報告すればいいのだろうか？

戦略その三：ビジネスは〝紙〟を信じる宗教

ビジネスとは簡単にいうと、**関係作り**のことである。お客様との関係、従業員との関係、株主との関係、融資先銀行との関係、仕入先との関係、担当省庁との関係、周りのコミュニティとの関係などなど。

これらの関係が健全なものになっていれば、ビジネスが繁盛するし、これらの関係を確立できなければ、衰退していく。

そこで、これらの大切な関係を構築する人が酬われる。

ビジネスとは、３６０度の利害関係者との関係を構築することである。

大きな顧客を獲得してきた営業マンはそれなりの報酬をもらう。
素晴らしい能力を持つ従業員を採用できる人事担当者はそれなりの報酬をもらう。
また、税務署といつもうまくやっていける経理担当者はそれなりの報酬をもらうことになるだろう。

ひとつのエピソードを紹介しよう。

私が企業研修を販売していたときのことである。
会社の設立直後で、資金繰りもかなりタイトで、見込み顧客のリストすらなかった。
公開セミナーを開催して、新たな顧客を獲得しようという計画を立てたが、しかし、そのための集客はどうすればいいのだろうか？

『ジャパンタイムズ』という英字新聞に広告を掲載することにした。なけなしのお金を叩《はた》いて、思い切り広告を出したまではいいが、思いのほか反応が鈍く、実際のところ、その広告から1件しか電話が会社に入ってこなかった。

大きな失敗だと思ったが、その一件の電話が肝心だ。その電話をかけてくれた人は、米海軍横須賀基地の資材供給部隊の総司令官であった。

これはかなりの大物である。

その部隊が第七艦隊の資材供給の半分も請け負っているし、佐世保の燃料基地も統括している。管理している在庫の品目数は18万品目で、軍人の使用するトイレットペーパーから弾丸や爆弾まである。

しかも、意外なことに、軍のシステムというのは、企業とほとんど同じで、真珠湾の資材供給部隊と完全に競合関係になっている。その競合に打ち勝たなければ、即予算カットというわけだ。

その司令官が当社のセミナーに参加してくれて、かなり気に入った様子だった。だから、セミナーが終わってすぐ、私は横須賀まで足を運び、彼と会談して、当社のセミナーの基地内導入を促した。

それがうまくいって、セミナーの数回の開催が決まった。

そこで、この売上を獲得した私が会社から評価され、それなりの報酬を受け取るのは、当然なことなのだろう。誰にでも理解できることである。

しかし、ここで気づいてほしいことがある。

その総司令官との関係を構築したことは確かである。ところが、それは会社と彼との関係ではなく、あくまでも私と彼との人間関係で成り立っている。従って、私が会社を辞めれば、その関係も崩れることは容易に想像がつく。

つまり、私はまだ関係を会社に**売っている**のではなく、**貸している**だけである。だから、**売却益**という大きな金額ではなく、**賃貸料**という小さな金額しか支払ってもらえない。

企業にとっては、紙に落とし込まれるまで、真実味がなく、評価はできない。

ビジネスは **〝紙〟を信じる宗教**なのだ！

そこで考えてみよう。

これが、私と彼との関係ではなく、会社と軍の関係になるためには、どういうふうにすればいいのだろうか？

そう、これを**公式な関係**にしなければならない。つまり、**契約書**という紙に記載しなければならないのだ。

そうすれば、彼が軍を退職しても、私が会社を辞めていっても、会社と軍との関係が崩れることはない。商売がそのまま続くことになるし、その価値を認めて、私の収入が上がることになる。

会社からしてみれば、契約書になるまでは、無意味である。

その当時、会社の総務は、私の実の兄のユージンが担当していた。彼が軍の様々な規制やルールを研究し始めて、ある特殊な契約形態がそこで利用されているということがわかった。それは、「Open Ended Purchase Order＝未定数購買契約」というものだった。

この契約形態は、同じものを繰り返し注文するために使うものである。従って一度契約すれば、軍のどこの部署も、何回でもその同じ品物やサービスを注文できることになる。普段から、トイレットペーパーやボールペンなどを注文するために利用されている。

兄が海軍の担当事務所に出向き、交渉を開始した。

そして、当社の研修は、このOpen Ended Purchase Orderで購入できるように契約できたのである。

ここで奇跡が起こる。

この契約形態によって購入されるものは、各部隊の会計から支払われるのではなく、**一般会計**で決済されることになる。つまり、各部隊からしてみれば、無料なのだ！

営業に出向いて、ひとりの司令官に研修の内容を説明する。

「素晴らしい研修にみえるが、予算がかなりタイト。いくらかかるのかね？」

「Open Ended Purchase Orderがあるから、海軍の本部が直接支払ってくれます。ですから、おたくの部隊にとってみれば無料です」

「ええ！ 本当ですか⁉ すぐ導入しよう!!!」

他の会社では、そのような契約の交渉をしていないので、当社がかなり有利である。

そこで、この関係を紙に落とし込んだ兄が、私よりもはるかに大きな報酬を受け取るのは当然なのである。

しかし、本社の方にもっとすごい人間がいた。ケビンという名の、これはなかなかダンディな若者だった。

彼はさらに国防総省と交渉を繰り返し、海軍の規則そのものを変更してもらった。そして、アメリカ合衆国海軍で、当社の研修を受けてからでないと、士官に昇格できないことになった！

これこそ、ビジネスで寝ながら稼ぐことなのだ。

毎年、自動的に収入が入ってくる。

注文をとってくる手間はない。

時間効率が大きく改善されている。

会社から一番高く評価され、大きな年収を支払われたのは、このケビンという青年だったことは、いうまでもないのだろう。

公式な関係になればなるほど、酬いが大きい！

戦略その四：簡単にオンリーワンになるためには

収入を高める次の戦略は、会社にとって必要不可欠な能力を身につけることである。会社にとってなくてはならない存在になるなら、自分の賃金の金額を自分で設定できる。

大学を中退して、私の最初の就職先は、日本国内の大手電気メーカーだった。その会社は、指紋自動識別システムという、世界中の警察が利用するものを販売していた。

当時は、世界でその技術を持っている会社は、当社とイギリスのデ・ラ・ルー社（世界各国の紙幣印刷を行なうことで有名）の2社しかなかった。

私の近くの席に原さんという先輩が座っていた。彼は京都大学の数学科出身で、コンピューターが指紋の照合を行なう際に利用されるアルゴリズムを制作していた。世界に2社しかないというほど、このアルゴリズムを作ることが困難で、高度な数学能力を必要とするものである。彼は、会社にとってなくてはならない存在だった。もちろん、賃金の引き上げと出世が早くなる。

しかし、世界**ナンバーワン**になるには、それなりの努力と年数を必要とするものである。

となれば、他に方法はないものだろうか？

もちろん、方法はある。

それはナンバーワンにならず、**オンリーワン**になるということだ。

物に価値を与えるのは、その**希少度合い**である。

土はどこにでもある。だから安い。
金《きん》を見つけるのは一苦労である。だから高い。
あなたも**希少価値**を上げて、**貴重な存在**になればいい。
どうすれば、それができるだろうか？

これは、意外と簡単なことである。
単独の才能を磨くよりも、珍しい**才能の組み合わせ**を身につける。
ひとつの道で世界一になることはかなり困難を伴う。しかし、誰も組み合わせていない
ふたつの道となれば、一発勝負である！

例えば、会計を勉強していて、同時にベトナム語を身につける。
そうすれば、これは**珍しい組み合わせ**であり、ベトナムに子会社を持つ企業や総合商社
では、高給を期待できる。

私自らも、大学を中退したとき、電気メーカーでの初任給は、他の社員の倍以上だった。
その理由は簡単である。英語と日本語のバイリンガルで、技術を多少なりとも理解してい

る人間は、当時とても珍しかったからである。

その時代に、アメリカで日本語を勉強する学生のほとんどが完全に文科系であった。だから技術高校上がりの私は優遇されたのである。


ふたつの道を組み合わせれば、簡単にオンリーワンになれる。

戦略その五：嫌な仕事は大好き

最後にもうひとつ簡単に収入を引き上げる方法を紹介しよう。

それは、他の人のやりたがらない仕事を喜んで引き受けることである。

昔から、日本で「**３Ｋ**」と呼ばれるものである。つまり、「**きつい、汚い、危険**」な仕事ということだ。

これを聞くと、さすがに「嫌だな！」と思うことだろう。

しかし、意外と使える戦略といえる。

在日アメリカ合衆国大使館に勤めていたときのことである。

毎日、勤務終了時に、上司と同僚を交えてのミーティングが開かれた。

そこで上司が聞く。

「今晩、倉庫で在庫を調べる仕事があるけど、誰か手伝ってくれる人はいますか？」

私はすぐに手を挙げて、「はい！」と元気よく答える。


次の日に、またミーティングで上司は聞く。

「この後、お掃除の仕事があるけど……」

「はい！」とまた元気よく手を挙げる。


その翌日、上司が言う。

「何々の仕事があるけど、ジェームス以外で手伝ってくれる人は？」

私が引き受けてくれるのは、もうわかっている。


そうすることで、大使館勤務中、私の残業代は常に固定給を上回った。そして、それで早稲田大学に入る資金を手に入れることができた。将来へのチケットなのだ。そして、それ以外のベネフィットもあった。例えば、昭和天皇が訪問してくださったとき、その案内役に私が抜擢された。それは日々の苦労への労《ねぎら》いであった。（＊もちろん、ストレスと体力をよくよく管理しておく必要がある。)

嫌な顧客からの電話が入れば、

「私の席に転送していいよ!」と言う。

これだけでも、あなたの賃金が着実に上がり、そして、リストラの不安がなくなる。

誰かがあなたをリストラ対象者のリストに記載すれば、

「ちょっと待ってよ! あの人だけは……」と言われるに違いない。

嫌な仕事を心から歓迎しよう!

ちょっとだけの間、起きていながら稼ごう……

今までみてきたように、少しだけの間は、大きなリスクを背負ったり、またきつい仕事をしながら生活する必要があるだろう。これにより、多くのことを勉強し、会社というものを知り、ビジネスの仕組みを学び、また人の気持ちがわかるようになる。

これはとても大切なことである。

大きなお金を稼ぎながらも、人間性を失ってはならない。

人にいろいろなことをやってもらうとき、心からの感謝ができるのは、自分も同じような経験をしているからである。

だから働く間、辛いことを含めて大きく楽しもう。

同僚と一生涯続くような良い関係も築こう。

(私はもっとしておけば良かったと反省中。もし元同僚がこれを読んでいれば、ぜひ声をかけて、今度お茶でもしましょうね。)

一緒に働く仲間と一生涯続く関係を構築しよう!

自分の仕事のアウトソーシング

会社に勤めていながらも、寝ながら稼ぐ方法がある。

それは、**自分の仕事を他の人にしてもらう**ということだ。

一見すると、「ええ！ そんなのあり？」と思うことだろう。

しかし、優秀な社員であればあるほど、実際にこれを行なっている。

その裏にある基本的な考え方というのは、**エンパワーメント**であり、**委任**である。

私が日本にこの「エンパワーメント」という言葉を紹介して、早くも25年が経とうとしているが、簡単にいうと、エンパワーメントとは、自分のできることを、他人ができるようにすることである。

エンパワーメントとは、自分の力を人に付与することであり、自分のできることを、他人ができるようにすることである。

例えば、会社で課長をやっているとしよう。

すると、優秀な管理職であれば、自分の部下の育成に励み、部下たちも自分のできることをすべてできるように仕向けるはずである。自分のできる業務もそうだし、自分のできる意思決定もそうである。

そこで、多くの管理者が言うことだろう。

「当社の社員では無理だよ。みんなそれほどの能力がない」とか、

「自分でやらないと、結果は保障できない」とか、

「自分でやった方がうまくいく」とか。


しかし、これは単なる**自己重要感**に過ぎない。

他の人間も優秀なのである。

ちゃんとできるのだ。

無能なのは、その業務や意思決定方法を伝授できない本人だけだ！


無能なのは、仕事ができない部下ではなく、委任できない上司の方である。


以前、私は完全にダメダメなワンマン社長であった。

あるとき、洋上研修のインストラクターを頼まれて、客船で香港経由のシンガポールへの旅に出かけた。

船上なので、会社との連絡はつかない。

会社はどうなるものかと思った。

香港に到着して、早速会社に連絡を取ってみたが、「あんたと話している暇はないよ！」と社員に言われて、バッサリと電話が切られた。2週間後に会社に戻ってみると、みんなが育っている。自分で意思決定ができるようになっている。会社がうまく運用されている。

放任でもこのぐらいだから、ちゃんと育成して、教育もすれば、なおさらのことだろう。

また世の中に自分の仕事を外部委託する人も少なくない。

これはかなり微妙ではあるが、自分の多くの仕事についてできることである。

例えば、私のアシスタントは、自分の業務のかなりの部分を、ホテルのコンシェルジュや旅行代理店、業者などに委託し、その管理に徹している。これで仕事はかなり楽になり、効率が上がっている。

寝ながら稼ぐ日々に近づく。

管理に徹すれば、寝ながら稼ぐ日が近づいてくる。

Making money while
you sleep!

第3章

お金が
お金を生む

利息を払うより、利息をもらう道

寝ながら稼ぐという発想はとても古くからあるものである。
それは、**利息**または**金利**という形をとった。

私がセミナーでよくみんなに投げかける質問がある。それは、「この1年間において、もらった金利が払った金利を上まわる人はどのくらいいますか？」という質問である。
悲しいことに、ほとんどいない。
みんなが住宅ローン、クレジットカード、学生ローン、消費者金融などに追われ、借金だらけである。

これでは、寝ながら稼ぐどころか、**寝ながら損している**。

利息を払うより、利息をもらう方が幸いである。

今お金を持つということは、将来そのお金を持つよりも有利である。

人にお金を貸せば、返してもらうまでは、そのお金は使えないし、自分の買いたいものを**我慢**しなければならない。また、そのお金を返してもらえないかもしれないというリスクもある。その我慢の気持ちと返却してもらえないかもしれないという**リスクの対価**として、利息を受け取ることになる。

しかし、お金が余っていて、今これといって買いたいものがなければ、貸しておいて、将来により大きな金額を受け取ることが得になる。

この利息・金利というものは、紀元前3000年頃から今日にいたるまで貸金に付き物となった。そして、寝ながら稼ぐ最も古い方法といえる。

貸している間は、貸し手は何もしない。

なのに、持っているお金が増える。

そして、この利息が銀行業の元となり、銀行が世界中の一等地に佇む高層ビルを所有するにまでなった。

あなたも銀行と同じことができる。

銀行にお金を預けるとき、銀行にお金を貸す形となり、金利を受け取る。
国債を購入すれば、国にお金を貸すこととなり、金利を受け取る。
社債を購入すれば、企業にお金を貸すこととなり、金利を受け取る。

アメリカ大陸の西部開拓に大きく貢献したブリガム・ヤング氏は、「利息のつかないお金を1ドルたりとも持ったことがない」と言った。これはあなたに対しても申し上げたい良い助言である。

この発想が大事だ。
お金のために働くのではなく、お金に働いてもらうのである。
お金の奴隷になるのではなく、お金を自分の奴隷として使う。

お金のために働くのではなく、お金に働いてもらう！

今の低金利の環境の中において、「金利といっても、はした金だろう」と言いたくなるかもしれないが、その考えが間違っている。

それよりもむしろ、「寝ながら稼ぎたいから、とりあえず銀行金利でもいいので、その道に入ろう。一旦その道に入って、寝ながら資産が増えるようになれば、後はその効率を上げればいいだけである」と、そう思ってほしい。

お金を大切に扱い始めれば、お金もあなたを大切にしてくれるに違いない。

お金を大切にすれば、お金にモテる！
今日から、小さくてもいいので、寝ながら稼ぐ道に入ろう……

銀行口座の正体

ここで**金融口座**というものを説明しよう。

簡単にいえば、口座とは**箱**である。

自分のお金や資産を入れる箱に過ぎない。

銀行口座や証券口座は、自分の資産を入れる箱である。

この箱には、いろいろな種類があるので、それぞれの特徴と長所短所を知っておきたい。


まずは、普通の**段ボール箱**がある。

そう、いわゆる**タンス預金**というものだ。


この箱には、長所がある。

24時間、３６５日、いつでもアクセス可能である。ＡＴＭまで出かける必要はないし、またオンラインでログインしなくてもいい。そして、引き出しには手数料がかからない。

お金以外のものも入れられる。金や銀といった貴金属、ダイヤモンドなどの宝石、緊急事態に備える食料品など、物であれば、何でもここに貯めることができる。


短所もある。

家が火事に見舞われれば、この箱は一緒に消滅する可能性もあるし、空き巣に狙われる可能性もある。保険をかけないと、不安なのだろう。

また、直接送金業務ができない。何かしらの支払いをするとき、直接その現金を相手のところに持って行くなり、銀行のＡＴＭや窓口まで足を運び、現金送金を行なわないと、使えない。そして、一番困るのは、この箱にお金をいつまでも寝かせていても、１円たりとも増えていかない！

タンス預金に入れても、お金は増えない。

そこで、銀行がもっと便利な箱（口座）を提案してくる。

「うちの箱はとても便利ですよ。直接送金業務もできるし、空き巣に狙われる心配もありません。保険付きで、銀行が潰れても、**預金保険機構**によって、1000万円までは保護されています。また、銀行に置いておくだけで、利息がつきますので、時間経過によって金額が自動的に増えていきます。どうですか？」と、こういう文句である。

これは確かに便利。

短所もある。お金しか入れられない。また、ほとんどの口座の場合、円しかダメである。

定期預金という箱もある。

この箱の長所は、普通預金と比べて、利率が高い。

しかし、短所もある。そのお金をすぐ使いたくても、手に入らない。

銀行口座以外にも箱がいろいろあるから、知っておきたい。

証券会社は、まったく別の箱を提供してくれる。

証券会社の口座では、お金以外のものも貯めることができる。

株式、国債、社債なども入れられる。

また、外貨の投資もできる。

金利のついている預金がある場合、これは銀行同様に日本投資者保護基金によって、1000万円までの補償はついてくる。しかし、**金融商品取引法**によって、証券会社は、投資家の金銭と証券は、自社の資産と分別して管理する義務があるから、証券会社が倒産したとしても、その箱に入っている金銭と証券がそのまま投資家に返されるだけである。

従って、所有している金額が大きくなれば、銀行よりかは、証券会社の方が安心かもしれない。また、現金ではなく、国債や社債など、銀行預金よりも、金利が高くつくもので資産は保管できるから、魅力的なのである。

スイスなどの**プライベート・バンク**の口座はどういうものだろうか？

この箱は、柔軟性が高い。

まず、保管できる通貨は自由。
基本的にどういう通貨でもひとつの口座で管理してくれる。
また、日本株だけでなく、世界中の株式や債券を何でも購入できる。
それに加えて、積極的にアドバイスもしてくれる。
世界規模で投資していきたい人にとっては、魅力は十分あることだろう。

短所は、普通の銀行口座と違って、**保管口座**というものであるため、資産を置いておくだけで手数料が取られる。また、送金業務の手数料などが高いので、日常の出費に利用することには向かない。そして、かなりの資産金額（銀行によっては1億円から10億円程度）がないと、口座の開設を受け付けてくれないのが一般的である。

このようにして、口座を開設する際、その口座を自分のお金を入れるひとつの箱とみて、それぞれの箱の長所短所をよく理解しておこう。
そして、目的に応じて、自分の資産をおく箱を分けることも必要になる。

それぞれの口座・箱の特徴をよく知っておこう。

地震などの災害やちょっとした用事に備えるお金を入れるタンス預金もあれば、日常の給与の受け取りや自動引き落とし業務に利用する銀行口座もある。また、積極的に投資をし、大きな金額を分散して守る証券会社の口座も持っていたい。

ゼロ金利時代だからこそ、金利収入を上げる！

最近、ゼロ金利やマイナス金利が騒がれている。

つまり、政府の政策として、企業や政府がお金を簡単に借り入れられるように、利率を抑える政策を取っている。

これは企業や政府にとって、好都合であるが、お金を貯蓄して、その貯金とそれについてくる金利で引退生活を送ろうと思う一般ピープルにとっては、大きな問題なのである。

そこでどのような方法があるのだろうか。

まず金利がつくものはたくさんあるから、それぞれを見てみよう。

預金、**定期預金**、**国債**、**社債**などがある。

まずこれらを比較してみるのは良いだろう。

預金金利も金融機関によってマチマチなので、比較が必要になる。

例えば、預金金利は現在0・001～0・02％までである。

複利効果を勘案すれば、100万円を貯蓄して、30年間にわたり、300円の利息を受け取るのか、6017円の利息を受け取るのかの差である。

ここで、私がいつも利用しているひとつの基準を紹介しよう。

「美味しい昼食を食べられるほどのお金なら、侮《あなど》ってはいけない」ということである。この差額の5717円でかなりゴージャスな昼食が食べられるので、無視したくない。

定期預金になれば、地方銀行で0・27％を払うところがある。

同じ100万円で30年間の計算にすれば、受け取る利息が8万4253円になる！
これでしばらく昼食は楽しいのではないか？

美味しい昼ご飯が食べられるような金額を侮ってはならない!!!

国債は今マイナス金利に転じている。
従って、寝ながら、お金が減っていく。
計算しても仕方がない。

社債は、期間や会社の格付けなどによって、金利が異なる。
仮に0・75％の社債を購入した場合、同じ100万円の30年間で、受け取る利息が25万1272円になり、退職が1ヶ月早まるかもしれないというほど大きな差がつく。

外貨預金や**海外の国債・社債**などもある。
そこで、**国のリスク**や円に対しての**変動リスク**も発生するが、場合によっては、この手も利用できる。

もちろん、本書を通して様々な方法を学べば、こういう低いレベルのリターンでは満足しなくなるだろう。

しかし、この発想、「**実際に計算をする、その差の意味について考える**」ということがとても肝心なのである。

実際に計算してみる習慣を身につけよう!

ここで、もうひとつの金利を受け取りながら、もっと大きなリターンを狙う方法を紹介しよう。

それは**転換社債**というものである。

転換社債の場合、普通の社債と同じように、会社にお金を貸しているということで、一定の金利を受け取る権利がある。

しかし、もうひとつの特典がついてくる。

それは、一定の価格で、その社債を株式に「転換」できるということである。

従って、株に投資をするリスクを負わず、株価が上昇すれば、社債を株に転換して、その株価の上昇の恩恵に与《あずか》ることができる。

これは、かなり魅力的なのである。

やはり、知っているのと知らないのとでは、最終的な結果が大きく変わる。

プロは素人と同じ世界に住んでいない。

もうひとつ、金利を受け取る方法がある。

それは直接人にお金を貸すことだ。

もちろん、親戚などにお金を貸してはならない。

返ってきたためしがない。

貸す場合、ちゃんとした業として行なうという頭が必要になる。

例えば、銀行からなかなかお金を借り入れることができない人に**不動産担保のローン**を提供することは、アメリカでは頻繁に行なわれる取引である。

これで、金利が4~5%は簡単に取れるし、不動産の担保までついている。

銀行預金・国債・社債のような流動性はないし、案件を探す手間はあるが、収益性が高い。仮に4・5％の金利設定となれば、先の100万円投資、30年間になると、受け取る金利が274万5318円になる！

これで1年近くの引退生活ができるだろう。

Making money while
you sleep!

第4章

慢性的黒字を生み出す会社の作り方

起業して儲かる秘訣

調査してみると、億万長者の3分の2以上が、ビジネスを営むことで、その財を築いている。

その理由は明確だろう。

お金は価値創造の結果であり、ビジネスを作るということは、その価値創造のプロセスを組織化させることであるのだ。そして、ビジネスとは、時間を売るのではなく、また足し算ではなく、ひとつの商品またはサービスという**価値を定義**し、何回も**複製**し、掛け算で稼いでいく道なのである。

だから、ビジネスを起こし、起業家になることは、お金持ちになる最も確実な方法であり、本書からは外せない。

億万長者の3分の2以上がビジネス・オーナーである。
ビジネスとは、価値創造を組織化させることであるのだ!

そうかといって、ビジネスをうまく構築したところで、せいぜい「**見張りながら稼ぐ**」か、「**うたた寝しながら稼ぐ**」ぐらいまでしかいかないケースがほとんど。また、起業しても、利益を上げることなく、廃業していく人も多い。

どうすればいいのだろうか?

自分のわかる商売をしよう……

今まで数十社を直接立ち上げ、または何百・何千社という顧客企業を診てきた中からの知恵をここで分かち合いたい。そして、あなたのビジネスの立ち上げを厚く応援したいのである。

就職して、会社勤めをする大きな理由のひとつは、勉強であり、社会と商売の道を学ぶことである。ひとつの業種を学び、そこの成功のポイントや、既存のやり方における問題点を知ることであるのだ。

せっかくそれをやっておいて、まったく違う商売に走ったところで、うまくいかないケースが多い。

だから、会社を立ち上げるとき、自分のパッション、今までの経験、培《つちか》ってきた知恵やノウハウを活かせるものでありたい。ただ、「今こういうビジネスが流行《はや》っている」とか、「こういうのが今なら儲かりそうだ」とか、そういう安易な心にとらわれてはならない。

ビジネスは価値創造のプロセスであるから、「**自分が社会にとって最も価値を与えることができるものは何か？**」それを考える必要がある。

そして、自分の能力の高い分野で勝負しよう。

人生の秘訣は与えることである！

一日でも早く入金を

お金は企業にとっての水であり、食料である。入ってこないと、餓死してしまう。

そこで、多くの企業が失敗するのは、計画期間、準備期間、商品を完成させる期間を延々とし、その肝心な現金の流れを作ることを後回しにしてしまうということだ。

これでは、話にならない。

結局始めることを恐れているだけではないか。

商売は、商品を製造し、またはサービスを提供し、その商品やサービスを受け取ってくれるようにお誘いをする営業とマーケティングの活動なのだ。それ以外は、すべて必要悪に過ぎず、価値を生み出さない付随作業なのである。

製造・サービス提供・営業活動以外は、すべて無駄なのだ！

いくら計画書を揉《も》んでも、お金にはならない。

いくら会議を開いて、「ああでもない、こうでもない」という話を繰り返したところで、売上にはならない。

商品を作って、それを人に売る。

これで初めて会社が回り始める。

早く営業を開始することだ！

私が初めて独立したときの話をしよう。

コピーライターをしていた頃、会社の運営方針に多くの問題を感じていたし、当時の経営陣以上にうまくできるはずだという思いが強かった。

そこで、私は会社から独立して、自ら広報制作会社を設立した。


売上が立つまでの期間が3日とかからなかった。

古くから付き合いのある顧客がいて、その担当者にすぐ電話を入れた。


「このたび、独立しました。以前の会社にいつも発注している案件以外に、何か仕事があったら、ぜひ宜しくお願いします」

「おお、スキナーさんならぜひ。実は、今までの会社の料金体系では発注できないのがいろいろあって、でも、このくらいの料金でやっていただけるのなら、すぐ回しますよ」


すぐに売上が立ち、翌月末から銀行口座にお金が入り始めた。

教育の会社を立ち上げたときも同じである。

1月に会社を設立し、2月に最初のセミナーを納品した。

セミナーの場合、申込制であり、事前にお金を振り込んでいただくので、会社の立ち上げから最初の売上の入金まで、2週間しか経っていない。

この期間がとにかく短い方が良い。

現金が流れていれば、残りの問題は大抵解決できるはずである。

現金が流れていれば、残りの問題は解決できる。

FのV化（コピー機も電話機も買わなかった）

このあたりで、やや、数字と計算が入るが、例を入れて、わかりやすく説明するから、諦めずに最後まで読もう。

経営コンサルタントの勉強をしていた頃、**損益分岐点**という言葉に出会った。

つまり、企業がどのぐらいの売上を立たせれば損失から利益に転じるのかという計算である。

そこで、先生が次の計算式を黒板に書き出した。

$$\textbf{損益分岐点} = \frac{\textbf{固定費}}{\left(1 - \dfrac{\textbf{変動費}}{\textbf{売上}}\right)}$$

数学が苦手な人のためにやさしく説明しよう。

どの会社にも、ふたつ大切な数字がある。

売上と**経費**である。

そして、売上から経費を差し引けば、その残った金額は**利益**になる。

売上－経費＝利益

そこで、どの会社でも、売上を増やし、経費を抑えるように努力していることはいうまでもない。

しかし、この経費をさらに分析してみれば、**固定費（F=Fixed Cost）**と**変動費（V=Variable Cost）**があるということがわかる。

固定費とは、毎日何もしなくても発生する費用のことである。家賃、従業員の給与、機材のリース料金、銀行ローンの利息、これらのすべてが固定費であり、売上が1円も立っていなくても、自動的に出ていく費用になる。

それに対して、変動費とは、売上が立つまで発生しない費用である。材料費、外注費、運送費などは、その都度にならないと発生しない。

この区別がとても大切である。

経費には、固定費と変動費がある。

あなたが、小売の店を開業したとする。

そこで、お菓子を仕入れて、再販している。

50円で仕入れるお菓子を100円で販売できれば、仕入れの50円が変動費になり、販売価格の100円が売上になる。

つまり**粗利率**は50%になる。

100万円を売り上げれば、50万円の粗利益となる。

しかし、この粗利益から固定費も差し引かなければならない。

35万円の家賃を払い、店員に15万円の給与を払っていれば、この50万円が固定費。

すると、どうなるだろうか。

１００万円を売り上げれば、50万円の粗利益になり、50万円の固定を差し引くと、トントンである。

あなたの店の損益計算書

売上	100万円
－変動費（商品の仕入れ価格）	50万円
－固定費（家賃と店員の賃金）	50万円
＝利　益	0円

そこで、あなたの店の損益分岐点が100万円になる。100万円以上の売上を計上しないと、結局利益は出ない。

損益分岐点とは、会社が黒字に転じる売上の金額である。

しかし、100万円の売上を立たせるのが大変だとなれば、どうすればいいのだろうか？

固定費を追放し、F（固定費）をV（変動費）に変えればいい!!!

つまり、**FのV化**である。


そこで、店の出店をやめて、ネットオークションのeBayで売り始める。eBayの出店手数料は売上の10％だとすれば、35万円の固定費（家賃）だったものが10％の変動費（出店定数料）に変わる。


「ちょっと待ってよ！　粗利率は40％に下がっている。不利だろう……」

そう叫びたくなる。

しかし、そうでない！

37万5000円を売り上げたところで、粗利が15万円になる。これで従業員の給与が払える。そして、トントンになる。
100万円でトントンになるか、37万5000円でトントンになるかの差なのだ!!!

新しい損益計算書

売上	37万5000円
−変動費（商品の仕入れ価格と出店手数料）	22万5000円
−固定費（出店店員の賃金）	15万円
＝利　益	0万円

粗利率が下がっても、固定費を無くした方が得！

慢性的黒字はこうやって生まれる

固定費の大きい企業は、寝ながら損している。何もしなくても、お金が出ていく一方である。

良い企業は、景気の変動や売上の減少に強い。大して頑張らなくても利益が出てしまう。売上が激減しても、慌てることはない。

そうした企業の状態は、**慢性的黒字**なのだ。利益は、まるで悪病のようにこびり付いて、いつまでたっても無くならない（笑）。

固定費が大きいことは、寝ながら損しているということだ。

先の例に戻ってみよう。

今度、従業員の給与も変動費になれば、どうなるだろうか？

ウェブの管理者に売上の15％を払うという形態に変える。

こうなれば、粗利率が25％に下がってしまう（仕入れの50％、サイトに払う手数料の10％、管理者に払う15％＝変動比率75％）。

「ほとんど利益がないのではないか？　不利ではないか⁉」

そう叫びたくなるだろう。

しかし、そうでない。

これでは、固定費がない！

つまり、売上ゼロでも損失は出ない！

100円を売れば、25円の利益になる……

固定費がなければ、売上がゼロでも、損失は発生しない。
寝ながら稼ぐ第一歩は、寝ながら損することの排除である。

近年の**アウトソーシング**のブームなどはすべてここに起因している。

最高の損益計算書

売上	100円
－変動費（商品の仕入れ価格、出店手数料、管理費用）	75円
－固定費（なし！）	0円
＝利　益	25円

より低い売上でも、確実に利益が出るための企業努力なのである。

固定費さえなければ、売上がゼロでも損失は出ない！

私はコンサルティングの勉強で、このFのV化が頭に叩き込まれていたので、会社を立ち上げたときも、これを徹底した。

コピー機も買わなかった。そのリース料が固定費になるからである。「コピーを取るなら、近くのコンビニに行きなさい」と従業員に指導した。高くなるが、変動費である。会社にビジネスの電話機も設置しなかった。また固定費になってしまうのではないか。「自分たちの携帯電話を使ってください」と、これも固定費を追放した。

営業部隊はフルコミッション制にした。

払う金額は大きくしたが、固定費ではなく、変動費だから、それは構わない。

そして、固定費はまったくといっていいほどないので、会社は最初の1ヶ月で黒字に転換した。

それ以降も、長年にわたり、その会社が生活の糧《かて》を与えてくれている。

Vの F化（立ててはならない売上がある）

ずっと経営コンサルタントとして活動して、この「損益分岐点」と「FのV化」の発想を教えていると、不思議なことに気がついた。

どこの企業も、みんな経費の分析ばかりで、売上の分析をしていない。

悪い経費と良い経費があれば、悪い売上と良い売上もあるはずではないか？

変動費と固定費があるならば、**変動売上**と**固定売上**があるではないか？

悪い経費と良い経費もあれば、悪い売上と良い売上もある！

この考え方が凄い！

そして、近代的経営の土台をなしているといえる。

変動売上というのは、努力して初めて立つ売上である。

月末または期末にならないと、立ったかどうかがわからない。

計上するために、費用が出ていく売上である。

それに対して、固定売上というのは、初めから立つとわかっている。**定期課金**、**会員制度**、**定期発注契約**、**定期発送**などになっていて、月初めから、すでに計算できる。立たせるための新たな努力も要らない。

寝ながらでも、自動的に入ってくる。

そう、企業でも寝ながら稼ぐのだ！

企業でも寝ながら稼ぐべきである！

この慢性的黒字にも、方程式がある。

やさしく、説明しよう。

$$慢性的黒字＝固定費×\left(1-\frac{変動費}{売上}\right)-固定費$$

この方程式を言い換えれば、

慢性的黒字＝（固定費 × 粗利率）－固定費

ということになる。

あなたはスポーツジムを開業したとする。

そして家賃は、50万円を払っている。自分ひとりがトレーナーをやっている。

固定費が50万円。

何としてでも、これを稼がないといけない。

変動費は特に発生していない。

すると、粗利率が100％になるから、50万円の売上が立てば、家賃が払えて、トントンになる。

あなたはあくせく働いて、1回1万円の個人トレーニング・セッションに来てくれるお客様を50人獲得する。売上が50万円、変動費用はなし（粗利100％）、固定費が50万円の家賃。売上から経費を差し引いて、トントンである。ひとまず安心。

しかし、ちょっと待って！
来月もゼロからの再スタート。
また営業をかけて、セッションに来てくれるお客様を探さないといけない。
いつまで経っても、楽にはならない。

あなたの経営するスポーツジムの損益計算書

変動売上	50万円
−変動費（なし）	0万円
−固定費（変動）	50万円
＝一時的利益	0円

そこで、あなたは**会員制度**を発足する。
月額1万円で、支払いは銀行の自動引き落とし。

あくせく働いて、50人のお客様に会員登録してもらう。
今月の売上が50万円となり、それで家賃を払う。
ひとまず安心である。

しかし、ちょっと待って！
来月の売上もすでに確保している。
新たに営業をかけなくても、すでにトントン。
最初の新規契約から、もう利益なのだ。

慢性的黒字へようこそ!!!

慢性的黒字を生み出す
スポーツジムの損益計算書

固定売上	50万円
－変動費（なし）	0万円
－固定費（家賃）	50万円
＝慢性的黒字	0円

※最初の新規契約からすべてが利益

慢性的黒字に到達している会社は、
新規売上はすべて利益の増加につながる。

現代の企業はすべて、この**売上の固定化**に躍起になっている。

定期購読、定期発送、会員制度、ファイナンス契約、保全契約、アマゾンプライムなどのサービス、マイレージプログラム、ポイント制度、タクシーのアプリ、小説や映画のシリーズ化などなど。

これらのすべてが売上を固定させ、売上の変動を抑える努力であり、慢性的黒字を確保するための施策なのだ。

つまり、V（Variable Sales）のF（Fixed Sales）化なのである。

あなたも、それを見習うべきなのだろう。

固定客ほどおいしいものはない！

お客様をやめて、メンバーにしよう……

売上の固定化（VのF化）を実現させる最も確実な方法のひとつは、顧客を持たないということである。つまり顧客と企業の関係をやめて、**メンバー**になってもらうということなのだ。

顧客であれば、前提は**取引**である。
そして、1回の取引が**終了**すれば、また次の商品やサービスを販売しないといけない。

しかし、メンバーであれば、前提は**継続**である！
引き続き同じ商品やサービスを提供し続けるというだけである。

顧客がいれば、来月の売上はどこからくるのかを考えなければならない。
しかし、メンバーであれば、**会費制**だから、最初から来月の売上が読める。

これを最も早く実現した業種は読書クラブ、ゴルフクラブやスポーツクラブであった。

読書クラブの場合、毎月クラブが選定した良書を送るというもの。
毎月、確実に同じ売上になる。
そして、本の選定を信頼してもらえる限り、それは永遠に続く。

顧客は一回一回の取引に過ぎない。しかし、メンバーは永遠である！

ゴルフクラブはなおさらである。

入会金を払った上、後は年会費を徴収する。

そして、四半期毎にレストランなどで使う最低の金額設定まである。

売上が安定しているというわけだ。


スポーツクラブは、毎月の定期課金。

メンバーを集めるための広告や営業をかける。

しかし、それが済めば、毎月お客様が来ても、来なくても、売上が立つ。

凄い仕組みなのである。

近年になってからは、航空会社のマイレージプログラムやアマゾンプライムなどが面白い例になる。


マイレージプログラムは売上を保証するものにはならないが、メンバーの意識を持たせ、他社との競合において、自社を選んでもらう強い理由になっている。

アマゾンプライムは特に注目すべきだろう。メンバーの手数料は毎月の定期課金に変わりはない。しかし、メンバーに具体的な商品を提供するものではなく、買い物における様々な特典を提供するものである。

売上の変動を抑え、自社で買い物する強い理由を提供し、会社の慢性的黒字化に大きく貢献している。

国までがメンバー制をとっているところがある！

なぜだろうか？

今の時代では、失業が政府の頭を最も悩ます問題だといえる。

グローバル化や**自動化**、**人工知能**の到来に伴い、多くの雇用機会が確実に無くなってきている。

そこで、大きく雇用に貢献するもののひとつは、観光業である。

観光業が世界で最も大きな産業であり、自動車産業やコンピューター・携帯電話などをしのぐ。そして、他の産業と比較して、自動化が難しく、多くの雇用機会を生み出す。ホテル・レストラン・航空会社・空港・観光案内など、どれも多くの人を使う。

そこで、国が旅行者と一回きりの関係をやめて、自国に来る理由を高め、最も多くのお金を落としてくれる引退生活を送るお金持ちなどをターゲットに**メンバーシップ**を発行している。

これを最初にうまく導入したところは、タイランドエリートなのだろう。50万バーツ（約180万円）～200万バーツ（約720万円）までの各ランクがあり、それぞれに特典を設け、タイに頻繁に来る、または住み込む理由を高める。そして、最長20年間のビザ込みである！

とにかく形はどうあれ、一回きりの関係ではなく、家族のように長続きする関係の方が、慢性的黒字を生み出し、寝ながら稼ぐ道といえる。

家族のように長続きする関係ほどいいものはない！

左団扇の弁護士

<ruby>左<rt>ひだり</rt></ruby><ruby>団<rt>うち</rt></ruby><ruby>扇<rt>わ</rt></ruby>

メンバーシップとはちょっとだけ違うが、弁護士の**依頼料**なども売上を固定化させる良い方法なのだろう。

彼は弁護士で、私の通った大学の法務を長年にわたり引き受けていた。

若いときの恩師のひとりにサンドグレン氏という老人がいた。

しかし、大学の弁護士になる前にニューヨークで少し変わった法律事務所に勤めていた。

この事務所は、顧客を5つしか持たないという方針だった。

すべてが大企業。個人は相手にしない。

そこで、顧客になる条件があった。それは、そのそれぞれの業種において、世界一の企業でなければ、見向きもしてくれないということである。そして、世界一であっても、顧客になる特権を得るために、毎年5万ドルの**依頼料**を払わなければならない。それは、現代のお金に換算すると、3億円以上の金額になる！

つまり、この小さな法律事務所が、最初の契約書を書く前に、最初の法廷に立つ前に、顧客と膝を突き合わせて最初の話を聞く前から、1回も相談していないうちから、すでに年間15億円もの売上が立っている。

顧客になるだけでお金を徴収できれば、鬼に金棒!!!

問題が発生しない限り、寝ながら稼いでいる!
そこで大きく稼ぎ、大学の弁護士をやっていたのは、どちらかといえば、老後の嗜《たしな》みであった。

こうやって売上がシステム化される

定期課金になっていなくても、売上をシステム化していきたい。

どの会社でも、営業やマーケティングは一定のプロセスになっていて、そのプロセスを分析していけば、ボタンを押すだけで、売上が立つという仕組みにできる。

例えば、FacebookやGoogleでＰＰＣ広告（広告をクリックすると広告料が発生する仕組みの広告）を打ち、そこから商品の販売ページに誘導し、商品を売っているとしよう。

すると、広告を見る**一定の割合**の人たちがクリックしてくれるだろう。

そして、広告をクリックした一定の割合の人たちが商品の説明をちゃんと読むなり、ビデオを見るなりしてくれる。そこで、また一定の割合の人たちがその商品を購入してくれる。

こうとなれば、売上が**システム化**される。

いくらの広告予算で、何人の人に広告を見せ、何人の人にクリックしてもらい、何人の人に購入してもらい、従って、いくらいくらの売上と利益が発生するのかをすべて計算できる。

ボタンを押すと売上が立つというわけだ！

ボタンを押すだけで売上が立つようになろう！

先々まで契約しよう……

売上をシステム化させる方法のひとつが**契約**である。契約はビジネスの最も基礎的な道具のひとつであり、極めて大事なものになっている。継続的に購入してくれるという契約を締結できれば、ひとまず安心。いくつかの例を示そう。

マクドナルドが上場しようとしたときのことである。そのときまで、ウォール街の投資銀行で働く連中は、レストランに対して極めて消極的になっていた。彼らに言わせれば、「レストランというのは水ものであり、流行っては、すぐ廃《すた》る。だから、投資の対象としては相応しくない」と、大方そういう意見だった。

そこで、マクドナルドの当時の財務担当取締役のハリー・ソーンバーグが反論した。「勘違いしてはいけません！ うちはレストランじゃありませんよ。当社は、小売不動産の賃貸業ですよ。しかも、テナントはどれも20年間の賃貸契約を締結しています。また固定家賃もしくは売上のパーセンテージ、より高い方を支払っていただけるので、固定家賃以上になる可能性を秘めている唯一の賃貸業社ですよ。レストランは、テナントがその家賃を払えるようにするための施策でしかありませんよ」

20年先までの契約ができていれば、来月の売上の心配はない。

私がしばらく株を保有していた会社に、アメリカン・タワー社というのがある。この会社は、13ヶ国において、14万4０００ヶ所の携帯電話用の無線塔を設置し、貸し出している。過去21年のうち20年増収を記録している。

収入のほとんどが長期リース契約によるので、素晴らしく安定している。

その商品を売ってはならない！

売上のシステム化や長期契約ができない場合、一回売ってしまうと、またゼロからの営業活動になってしまう。毎月、売上を立たせるために必死になる。

そこで発生するオプションのひとつが、商品を売らないということなのだ！

一回だけ売るぐらいなら、売らない方が良い！

リースという方法もある。

売らずにリースをすれば、収入が定期化し、安定してくる。

以前に教育会社を経営していたとき、リーダーシップ教育のビデオコースを制作した。内容も素晴らしく、撮影の出来栄えも良かったので、売上に対する大きな期待があった。

しかし、一旦売りに出してしまえば、まあ、ある程度売上は立つが、あるところまでいけば、市場が尽きて、次の商品開発をしないといけなくなる。どうすればいいのだろうか？

そこで、そのビデオを一切販売しないことに決めた。

各企業の人事部と契約を結び、ビデオ・キットのリースをする。

そして、企業の従業員が新たにそのビデオを観る場合、参加者マニュアルを当社から購入しなければならないという条項を盛り込んだ。

それから、企業内研修が行なわれるたびに、マニュアルの発注が自動的に入り、また毎年**リースの更新料**が振り込まれる。そして、何年もの間、その一商品で会社が成長を遂げ続けた。

一回の仕事に対して何回もの支払いを受ける。

また、マニュアルの受注と発送、在庫が切れるときの印刷会社への発注などもすべて倉庫会社に管理してもらったので、ほとんど寝ながら稼ぐ収入になったのである。

寝ながら稼ぐ部分以外は、業者に委託しよう！

これは様々な業種に適用される。

例えば、自動車を販売するぐらいならリースした方が良い。

定期的な収入はこれで確立されるからである。

売るなら、せめて代金を貸そう……

商品やサービスを売ったとして、それを定期的な収入に変えていきたい。

どうすればいいのだろうか？

そう、代金を貸せばいいのだ。

収入の固定化に一早く気づいて自動車産業は軒並みファイナンスの会社を立ち上げ、車を購入するとき、喜んで代金を貸してくれる。

そして、多くの場合、そのローンの金利はやがて、元の車以上の利益を生み出す。

とにかく、一回しかお金がもらえないのは、つまらない。

何回も支払いを受ける方法を必ず考えていこう。

社長の座も譲ろう……

会社を立ち上げることは、億万長者への最も確実な道である。

しかし、社長をやっていると、忙しいのではないか！　寝ながら稼ぐということから程遠い生活になるのではないか！　そう思うだろう。

ところが、必ずしもそうでない。

もう一度思い出してほしい。

私たちは、お金の流れを生み出してくれる川を掘っている。

掘っているときは忙しいが、掘り終わったら、楽をしてもいい。

会社作りのときも同じである。

ある程度、会社を確立し、商品を開発し、売上のシステムと固定の売上ができれば、その管理を人に譲ってもいいはずである。そう、社長の座も委任できる！

世の中には優秀に会社経営ができる人間はいっぱいいるし、またしたいという願望を持つ人も多い。従って、社長になってくれる人を探すことはそんなに難しくない。

社長は、四六時中会社のことを心配している。その心配をすべて委任しよう。

そして、**外部役員報酬**なり、**配当金**なり、**知的所有権の利用料**なりをもらいながら、人生を楽しみ、また次の川を掘ることにしよう。

心配をすべて委託しよう！

会社を売った後でも儲かり続ける!!!

大きな現金の流れを生み出す会社を作れば、その会社を高く買ってくれる他の企業が必ず出てくる。

会社の売却は、億万長者への近道である。一気に何年分もの利益を、買却収の価格として受け取ることができるし、税制上の優遇もある。つまり、その収入は、**普通所得**の扱いにならず、**キャピタルゲイン**として課税され、税率が低い。


しかし、ここでも一回仕事して、何回も支払いを受けるということができる。

それは、**アーンアウト**というものが存在するからである。

少し、説明しよう。


会社を売却するとき、基本的な価格設定方法は、「**利益の何倍**」という考えである。

例えば、年間1億円の利益が出ているとしよう。

それで、買い手との交渉において**倍率**は仮に7倍ということで決まったとする。

すると、売値は7億円になり、売却時に7億円があなたの銀行口座に振り込まれる。素敵な朝なのである！

なぜ、このような取引が買い手にとって得なのかということも少し説明しよう。

上場企業の場合、株価の総額が、基本的に同じように利益の倍率で決まるという考え方である。そこに**将来の成長**を見込んで、高い倍率になったり、または成長が見込めない企業の場合、倍率が低くなる。

従って、上場企業の経営陣にとってみれば、**増収増益**が常なる課題といえる。

例えば、今アップルの株の総額は、利益の15倍になっている。しかし、フェイスブックになると、37倍になっている。それは、アップルがある程度成長し切っている感はあるが、フェイスブックはまだまだ利益を伸ばす道があるという市場の読みからくる。

企業の株価が成長率で決まる。

そこで、フェイスブックが、1億円の利益を上げているあなたの会社を7億円で買収するとしよう。

すると、連結ベースで利益が1億円増えるから、株式の総額が37億円増えるということが見込まれる。そう、株主のために一気に37億円もの得をもたらしたことになる。

あなたはこれを聞いて不思議に思うことだろう。

「違うだろう！　株式の総額は37億円増えるのはわかるが、7億円を支払っているから、得した分は、30億円しかないだろう」

しかし、大企業はそう考えない。使った7億円は財務諸表から消えていないからである。7億円の現金が7億円の保有株式に姿を変えたままである。従って、使った金銭よりも、増益の方が大切にされる。

そこで、アーンアウトの話に戻ろう。

増益のために会社を買収しているから、その利益は将来も出るようにしたい。いや、さらに増やしていかなければならない。そして、そのためにあなたの協力を得たい。高額な支払いをするので、そのお金を受けて、あなたは会社を去り、会社の将来の成功はどうでもいいと思うようになってもらっては困る。そう考えるのは自然なのだ。そこで、アーンアウトが登場してくる。

簡単にいえば、アーンアウトとは、会社の将来の利益の一部を数年間にわたって買収価格の一部としてあなたに支払うということである。そうすれば、その会社が引き続き利益を出し続けるように、あなたも協力的になるだろう。

アーンアウトとは、会社を売却した後、継続的に会社の利益の一部を元経営者・株主に支払うという形態である。

今まで見た交渉の中で、最も大きなアーンアウトは、利益の全額を6年間支払い続けるというものだった!

「どうしてそんなことがあり得る⁉ 利益の全額を払ってしまったら、買い手にとって大きな損ではないか?」と、そう思うのが自然だろう。

しかし、そうでない。

もう一度思い出してみてください。

支払うお金は、買収価格の一部。

だから財務諸表から消えていない。

現金が保有株式に姿を変えているだけである。

そこで、あなたは躍起になって、6年間にわたり協力して、会社の利益を1億円から10

億円に増やしたとする。すると、買い手の株式時価総額が370億円増える。先方にとって、大きな得である。そして、そのために、その6年間において、あなたに数十億円を払ったとしても、大きな気遣いはない。

一回会社を売って、何回も支払いを受ける。

そして、買い手の資本力やブランド力をバックに、自社を伸ばしていく。また、会社の利益を受け取りながらも、法人税を納めた後の配当金扱いという法外な税率になるのではなく、売却価格の一部という取り扱いなので、キャピタルゲインという優遇税制になる。

いいこと尽くしというわけだ!

お金は魔法の世界であり、勉強が必要である。

そして、勉強してプロの手法を学んだ人にとっては、いくらでも生み出せるものであるのだ。

＊こういう取引(本書で紹介する他のものも含めて)を行なう前に、必ず優秀な税理士と相談しよう。

Making money while
you sleep!

第5章

株式市場は資産形成を加速させる

第一部　早速ゲームに参加しよう!

第二部　どの市場でも儲かる方法を知ろう!

第一部：早速ゲームに参加しよう！

勝つためには、ゲームに参加しなければならない！

お金を**投資**することは、寝ながら稼ぐ最も強力な方法のひとつである。
投資をすることにより、自分のお金が代わりに働いてくれるからだ。

そこで、この投資に伴う**リスク**に集中する人は多い。

しかし、投資はリスクばかりじゃない。**リターン**もある。

そして、投資の方法によっては、このリターンがとても大きいものになる。


投資で成功し、悠々と暮らす人を見ると、羨ましく思う。

この人と自分とでは、何が違うのだろうか？

それは投資というゲームに実際に参加し、リスクよりもリターンに集中しているということである。

かの有名なロスチャイルド家の座右の銘が参考になるだろう。

「道端に血が流れているとき土地を買え！」

つまり、周りの状況が不安定で、みんなが恐怖に怯《おび》えているとき、みんなリスクばかりを考えているとき、そのときこそが投資の絶好の機会であり、投資すべきタイミングなのである。

戦争の直後に東京での不動産を買い集めた人のことを考えれば、すぐに理解できるはずだ。

「日本はどうなる？　もうダメじゃないか？　リスクが大きすぎる！」

ほとんどの人がそう思い、投資を控えているとき、積極的に先行投資をしてリターンに集中した人たちは途轍《とてつ》もない利益を上げている。

リスクより、リターンに集中せよ！

とにかく、ゲームに参加していなければ、勝つことはできない。

そして、このゲームに参加するのであれば、**ゲームのルール**を知らないといけない。

プロのギャンブラーに学ぶ投資術

カジノに行ったことがあるだろうか？

カジノというのは、お金を勉強する最適な場所といえる。

なぜなら、お金に絡んで発生するほとんどすべての現象がカジノで起きているからである。


間違ってはいけない。

カジノはギャンブルをしに行く場所ではない！

お金を観察しに行く場所であるのだ。


世の中にはギャンブルで生活をまかなう人たちがいる。いわゆるプロのギャンブラーというやつだ。そう多くはいない。継続してカジノに勝つことはとても難しいことだからである。そしてだからこそ、この人たちを勉強することは、投資の道に入るにあたり、大きく役立つ。

プロの投資家は、プロのギャンブラーに学ぶべし！

教訓その一：勝てるゲームを選ぶ

カジノに入るとする。
そこにふたつのテーブルが設置されている。
ひとつのテーブルに素人ばかりが座っている。
もうひとつのテーブルにプロばかりが座っている。
想像してみてください。
そのとき、あなたはどちらのテーブルに座り込むだろうか？

その答えによって、あなたの金銭的な将来が決まる。

真剣に考えて、答えてみてほしい。
素人ばかりのテーブルが良いのか？
プロばかりのテーブルが良いのか？

もし、素人ばかりのテーブルに座ると答えたならば、あなたは一生涯貧乏な生活を強《し》いられることになる。

なぜだろうか？

素人しか座っていないのには理由がある。

それは、そのゲームに勝つことが不可能だからである。


ゲームに参加するのなら、勝てるゲームを選ばなくてはならない。

これはプロのギャンブラーの第一の教訓になる。

プロになるなら、勝てるゲームを選ぶ！

実際のカジノでプロが参加するゲームは基本的に3つしかない。

ブラックジャック、ポーカー、スポーツの3つ。（カジノにおいて、あらゆるスポーツがギャンブルの対象とされる。）


なぜだろうか？

まず、ブラックジャックは唯一**親が不利**になっているゲームである。

カードを数えて、その出方によって賭ける金額を変更していけば、確実に勝てる！　だからプロが多い。

毎晩20万円程度稼げるだろう。（これ以上稼いでしまうと、カジノから追放を食らってしまう。）

だから、勝つ**確率**の大きい投資を選ぼう。こういうことになる。

本書で、仕事やビジネスを先に紹介しているのは、勝つ確率の高いゲームだからなのだ。

ビジネスは最も勝ちやすいゲームである。

次はポーカーを見てみよう。

ポーカーはギャンブルではなく、**スキル**のゲームなのだ。

従って、スキルが高ければ、勝てるし、勝ったときの金額も大きい。

だから、投資をする際、自分のスキルを活かし、スキルによって勝てる確率を上げられるものは魅力的である。

例えば、起業する人は、自分の経営の手腕で、勝てる確率を大きく向上させることができて、リスクの少ない投資になる。また、大工をしている人は、不動産投資で住宅を購入し、レンタルするのであれば、優位に立てる。なぜなら、住宅の価値を評価する目もあるし、問題を見抜くこともできるし、また問題のある物件の修理方法やコストを知っているからである。

自分の能力・スキルを最大限に活かせる投資を選ぼう。

そして、最後はスポーツ。これは、興味深い。

スポーツギャンブルは**情報戦**である。

例えば、選手のひとりがケガをし、その情報はまだ広まっていない。

となれば、カジノで設定している勝敗の確率が間違っているということになる。

情報を収集し、市場が価格の査定を間違ってしまっているものを探すことが、投資における巨大な財産を築くポイントになる。

投資をするにあたり、必要な情報を手に入れよう！

確率論、スキル、情報！
この3つが投資の世界に君臨している。

確率論・スキル・情報なのだ！

教訓その二：逃げ上手になる

あなたはカジノに入る。
そして、1万円をテーブルにおく。
予測が外れ、負けてしまう。
最初の1万円が消える。
さあ、そこでどうするか？

その答えによって、あなたの金銭的な将来が決まる。

もし、あなたがそこで手をポケットに入れて、また1万円を取り出し、再挑戦をすると答えたならば、あなたは一生涯貧乏な生活を強いられることになる。
なぜだろうか？

負けているときに感情がおかしくなるからである！

カジノのすべてが人の感情を狂わせる設計になっている。

どこにも時計がない。時間を忘れさせる。

ただでお酒を飲ます。

聞き慣れない音を鳴らす。

色のついているホイールがグルグル回転している。

綺麗な女性がミニスカートをはいて歩き廻っている。

あなたが勝ち始めたら、カジノはすぐにディーラーを替える。

感情がぶれてしまえば、いくらでもお金を吸ってしまうことをカジノは知っているからである。

プロの一番の特徴は**感情のコントロール**にある。

そして、いくらプロでも、負けているときは、感情がぶれるので、そこでプロは夕食をとって帰る。（カジノには美味しいレストランがいっぱいある。）

感情のコントロールはプロの証である。

教訓その三：人のふんどしで相撲を取る

次の日カジノに行き、1万円を賭け、予測が当たり、さらに1万円を勝ち取る。

そこでどうするのか？

その答えによって、あなたの金銭的な将来が決まる。

もし、その2万円をそのまま賭けると答えたならば、あなたは一生涯貧乏な生活を強いられることになる。

なぜだろうか？

それは、いずれは負けるからである。

ギリシャ神話に繰り返し繰り返し出てくるテーマがある。

それは、ヒーローは自分が神々よりも上だと思い込み、悲惨な最期を遂げるというものだ。これは、**hubris**《ヒュブリス》といって、**不遜**または**傲慢**という意味であり、必ず滅びの前にやってくる。

傲慢が滅びの前にやってくる！

勝っているからという理由で調子に乗ってはいけない。
だからプロはそこで、最初の1万円をテーブルから下ろし、ポケットに入れる。

ここで奇跡が起こる。
もう負けは不可能だ!!!
賭けているお金は自分のお金ではなく、カジノのお金だからである。

またしばらく勝ち続けて、テーブルの上のお金が5万円になる。
また1～2万円をテーブルから下ろし、ポケットに入れる。
またしばらくして、3～4万円をポケットに移す。

一晩中、ポケットにお金を入れ続ける！

それから、予測が外れて、テーブルにあるお金がすべてなくなってしまう。

そこでどうするだろうか？

その答えによって、あなたの金銭的な将来が決まる。

もし、あなたはそこでまたポケットに手を入れて、お金を取り出して賭けるならば、あなたは一生涯貧乏な生活を強いられることになる。

なぜだろうか？

カジノのお金をポケットに入れたままカジノから帰ることほど難しいことはないからだ。でもそれができない限り、いずれは持ち金をすべて失ってしまう。

ビジネスをやっていても、投資をやっていても、常にお金をテーブルから下ろし続けて、絶対にポケットに入っているお金にリスクをかけない。

これはギャンブラーの知恵であり、投資家の必須条件なのである。

ポケットに入っているお金にリスクをかけない！

あるとき、私はヘッジファンドの経営に携わる機会があった。

そこの創業者たちがとても賢く、お金のことをよく理解していた。

経営がうまくいき、その会社がまさにドル箱になり、金の卵を産むガチョウとなった。

配当金を毎月支払うほどだった！

しかし、そこで、金融市場に異変が生じ、一気に業績が不振となった。

そこで、その優秀な経営者たちはどうした？

株主総会を招集し、また会社をテコ入れするために自分たちのお金で増資しようという案が出た。しかし、それはすぐにペケにされた。一旦ポケットに入れたお金に手出ししてはならない。

そこで、会社を売却して、みんなが裕福なままその場を去った。

勝てるゲームに参加しよう。

逃げ上手も勇敢の内。

人のふんどしで相撲を取れば、負け知らずになる。

勝てるゲーム・逃げ上手・人のふんどしが大事だ！

投資の3つの感情

これまでにも説明しているように、投資で成功するために、感情のコントロールが必要である。そして、その理由は簡単。投資は意思決定の質にかかっているからだ。

実際のデータを把握し、計算し、合理的な意思決定でなければ、うまくいかない。というより、あっという間にせっかく手に入れたお金がすべて水の泡になりかねない。

しかし、感情的にならず、データと機会を直視できれば、投資は自分の生活を豊かにし、素敵な老後も保障してくれる。

そこで、具体的にどのような感情をコントロールする必要があるのだろうか？

投資をし始めると、すぐさま、真正面からぶつかる感情は、何よりも**恐怖**なのだろう。

せっかく稼いできたお金を損したくない。

意思決定が間違っていたらどうしよう？

うまくいかなかったらどうしよう？

バカをみたくない。判断のミスは**自己イメージ**にまで響く。

と、こういうわけである。

それでどうなるだろうか？
市場が上がり始める。
良い機会に違いない。

しかし、恐怖が先行している。
本当に上がり出しているのだろうか？
もう少し様子をみよう。

また上がり続ける。
でも、なかなか踏み込めない。
また上がる。
そろそろ大丈夫だろうか？

さらに上がる。
やはり上がり市場だ！

そう思って投資をする。

そして、市場が下がり始める……

こういうハメになってしまう投資家は決して少なくない。
英語で、この現象を「**dumb money chasing returns**」と呼ばれる。
つまり、「アホのお金は値上がりしてから市場に入ってくる」という意味である。

自分の判断を信じよう!

投資は**予測業**である。
今まではどうであったのかではなく、これからはどうなるのかを考える仕事なのだ。
そして、投資で儲ける唯一の条件は、その予測が当たっているということである。

投資は予測業である。
予測が当たっていれば儲かるのだ!

そこで、戦略を立てて、データを分析し、予測を立て、迷わずに投資をする。

そして、本書において後で説明するように、その投資に保険をかけて、大胆に突き進む。

これが成功の秘訣である。


投資の世界で次に出会う感情は、**欲望**なのだろう。


投資をする。そして、上がり出す。

もっと上がってほしい。

そうなると思う理由はなくても、かけ続ける。

そして、せっかく儲けたお金がなくなっていく……


プロのギャンブラーのセクションで勉強したように、お金をテーブルから下ろす必要がある。今は、調子がいいからといって、欲望に走ると、元も子もなくなってしまう。

また、欲望のあまり、非常にリスクの高い戦略に走る人は少なくない。
これは**宝クジ**のようなものだ。

宝クジは最も効率の悪いギャンブルのひとつである。

なぜなら、買ったチケットの代金の内、賞金に充てる割合が極めて低く設定されているからである。

仮にチケットの全部を購入した場合どうなるだろうか?

支払ったお金の半分も返ってこない。(配当率の高い国でも3割以上が持っていかれる。)

しかも、一等に当たる確率は天文学的に低い。

投資の世界に欲望もやはり禁物というもの。

上がってほしいという気持ちは、お金をかける理由にはならない。

この恐怖と欲望について言及している文献は多い。

しかし、もうひとつ大事な感情がある。

それは、**退屈**というもの。

良い投資は退屈である。

いや、睡眠薬にも勝る!

寝ながら稼ぐためには、大いに役立つけどね（笑）。
みんなカジノに入り、楽しいゲームを探す。
しかし、楽しい色がグルグル回り、愉快な音が鳴り響くものは娯楽にはいいが、お金稼ぎには向かない。

なぜ、良い投資は退屈なのか？
それは、良い投資は**時間を自分の味方**にしてくれるものだからである。

これはとても大切な概念であるから、よくよく覚えておいてもらいたい。

良い投資とは、時間を味方にしてくれるものである。

ひとつの戦略を決めて、ルール通りに実践し、結果が出るのを待つ。
そして、時間が経てば経つほど儲かる。

ウォーレン・バフェットに尋ねてみる。

「おお、ウォーレン、どうしました？」

「そうね、コカ・コーラといういい会社を見つけたので、株を買いました」

「いつ？」

「30年前……」

「おお、なるほど。次はどうした？」

「次？」

「うん、その後は？」

「まだ持っていますよ」


ちっとも面白くない。

退屈そのものだ。


しかし、ウォーレン・バフェットのコカ・コーラの株の総額は、今となって2兆円近くにまで上がっている！

退屈でもいいのではないだろうか。

2兆円になるなら、退屈でもいい！

私は、2000億円の投資資金を扱うヘッジファンドの経営に携わっていた。
そのため、金融業界でたくさんのトレーダーやファンド・マネジャーに会ってきた。
しかし、毎日市場の中で勝てる人はたったひとりたりとも出会ったことはない。

投資は予測である。
この会社はいい会社。これから株が上がる。
これから円高が進みそう。
今年固定金利が引き上げられる。
こういうものだ。

しかし、毎日予測は立てられない。
1年に数回予測ができれば、それでも優秀といえる。

年に数回良い投資案件が探し出せるなら、相当優秀なのだ。

そして、億万長者になるためには、そう何回も予測を立てる必要はない。
一回大きく当たればそれでいいのだ。

そう、30年前のコカ・コーラを探し出せば良い。

しかし、じっくり探すことは面白くない。

待つことは楽しくない。

「自分は投資家だ！ トレーダーだ！ 今日も、お金を動かしたい!!!」

その気持ちに駆り立てられることは、貧乏への道。

堅い予測と堅い投資、時間をかけて、じっくり実るのを待つ。

これは寝ながら稼ぐ人の常。

集中すべきか？ 幅広くやるべきか？

投資の世界には、「**分散投資**」という言葉があり、証券会社の担当者などにすぐ言われる文言のひとつ。また、物の本でも、頻繁に登場してくる。

つまり、投資にはリスクがあり、お金を守るためには、資産を複数の種類や戦略に分けて投資すべきだという考え。

しかし、本当にそうなのだろうか？

分散投資でお金持ちになる人はいない！

集中投資でお金持ちになるのだ!!!

予測を立てるために時間をかけ、でもゴーサインを出すとき、集中して、その信念にかける。それで、当たったとき、億万長者になる。

分散投資は、一旦億万長者になってから、資産を守るための戦略。

従って、自分の今の局面を見極める必要がある。

攻めどきなのか？

守りどきなのか？

攻めどきに守りに入ってはならない。

守りどきに攻めに入ってはならない。

それだけのことであるのだ。

ウォーレン・バフェットはこう語る。

「2回お金持ちになる人はただのアホ！ 1回お金持ちになったら、それ以降はそのお金をリスクに晒《さら》してはならない……」

集中投資で億万長者になる。
分散投資でその資産を守る。

ポートフォリオという考え方：5つの引き出し

集中する大切さを理解しながらも、投資の目的に合わせて、幾つかの引き出しに分けることになる。

机を想像してみてください。
その机に複数の**引き出し**があり、そのそれぞれに投資したものを入れていく。
ある引き出しには不動産の権利証を入れ、別の引き出しには自分の起業した会社の株券を入れる。
また別の引き出しに貴金属や現金などが眠っている。
そのそれぞれの引き出しに**ラベル**がついていて、その引き出しに入れているものの目的を明記してある。

あるラベルに、①**緊急用**と書いてある。
また別のラベルに、引退するための②**安定した収入**と記されている。
③**長期投資**と書いているのもあれば、④**加速成長**と書かれているのもある。
そして、最後に⑤**人生を楽しむ**という引き出しもある。

① 緊急用の引き出し

そもそも、投資の目的、資産を形成する目的は何なのだろうか?
それはまず、自分と自分の**家族を守る**ことなのである。
これを忘れてしまう人が多く、お金はお金のためにあると思い込み、この大切な引き出しの形成を怠ってしまう。

資産形成はまず、自分と家族を守るためにある。

この引き出しは文字通りに緊急用であり、**短期間において自分と家族を守る**ためのものである。現金（小額紙幣も）や貴金属、自然災害時の食料と水、水の浄化フィルター、失業保険、健康保険、生命保険などである。

この**リザーブ**を徐々に増やし、最低限6ヶ月働かなくても家族は困らないようにしておきたい。または、自然災害、失業、病気、家族の中の不幸などに備える。

この引き出しができていれば、素晴らしい安心感がわく。

大概、どのようなことがあっても、自分と家族は大丈夫である。

6ヶ月分の生活費があれば、次の策を講じることができる。再就職もできる。新しいスキルを身につける余裕も持てる。新しい土地へと移動できる。

② 安定した収入の引き出し

これは寝ながら稼ぐ中心的な引き出しといえる。

自分の銀行口座という湖へと流れる多くのお金の川をここに入れておきたい。

目標とするところは、**この引き出しから流れ出る収入だけで、生活の必要経費のすべてをまかなう**ことができるということである。

そして、それができれば、さらに増やし、この引き出しから流れ出る収入だけで、**したい理想の生活**ができるようになろう。

最終的に安定した収入の引き出しだけで生活できるようになろう……。

ここに金利、株式の配当金、賃貸収入、自動化されたビジネスの収益、機材などの長期リース、印税などの権利収入、年金などが含まれる。

本書を読み終えるまでには、この引き出しの選択肢は100以上を持っていてもらいたい！

③ 長期投資の引き出し

安定した収入の引き出しを構築することを目標にしながらも、そのための財産が作られるのは、この引き出しになる。

ここでの投資は、**長期にわたり保有し**、価値の上昇を主たる目的にしている。

そして、**複利効果**の力を活かす。この複利効果というのは、世界の七不思議、投資の世界における奇跡以外の何ものでもない。

毎月、1％の増加を記録する投資があるとしよう。

すると1年間で、何パーセントの増加になるだろうか？

そこで、「12％！」と自慢げに答えるだろうが、それは違う！

正解は、「12・68％！」なのである。

1万円を投資した場合、1200円の利益ではなく、1268円の利益だ。

小さいことのように思うことだろう。

しかし、30年やり続ければ、360ヶ月が経過したところ、360％増加の3万6000円という利益ではなく、3595％の35万9496円という利益になるのだ!!!

簡単にいえば、投資の利益を**再投資**するということだ。

そして、利益がさらに利益を生み出す仕組みなのだ。

複利効果は世界の七不思議！

従って、この引き出しの中身を途中で換金しないことが肝心である。
なぜなら、途中で現金化してしまえば、そこで所得税が発生し、複利効果が大きく損なわれるからである。

ウォーレン・バフェットが若くして、この複利効果の凄さに気づき、ある哲学を打ち出した。

「投資をする最も良いタイミングは？　今！
売るには最も良いタイミングは？　ネバー!!!」

いつまで経っても売らないという意味である。
そして、そのバフェット氏は、今まで、バークシャー・ハサウェイの株を一株たりとも売却したことはない。そして、それで得られた利益で社会貢献を開始したとき、初の献金が、人類の歴史上最高額の3兆円を上回るものとなった！

この引き出しの中身は、価値上昇目当ての不動産や株式、自社株などである。

④ **加速成長の引き出し**

地道な長期投資が王道である。

しかし、**引退への道**は加速もしておきたい。

この引き出しはそのためである。

ハイリスク・ハイリターンの投資だ。

株式のオプション、特許や新技術の開発、レバレッジの効いたファンド投資などである。

これはかなりプロの腕を必要とするものであるから、他の引き出しで経験を積んでから考えよう。

⑤ **人生を楽しむ引き出し**

最後の引き出しは、**人生を楽しむ**ためのものである。

収集品、洋服、旅行、娯楽などに使うお金である。

この引き出しはとても重要なものだ。

なぜなら、これを持っていなければ、お金作りのプロセスに飽きて、継続しないからだ。

人間の脳はすべて、「**痛みを避けて、快楽を得る**」ようにプログラミングされている。従って、仕事ばかりして、苦労しながらお金を貯めているだけなら、脳はその道を嫌い、いずれはやめるだろう。

そこで、定期的に収益の一部をまったくの娯楽に注ぎ込むことにしよう！

お金を楽しく使わないと、お金稼ぎは継続しない！

あなたの時速は何キロ？

年齢や目標により、あなたはどのくらいのリスクを負うべきか変わってくる。若者であれば、ハイリスク・ハイリターンにウエイトを移しても良い。もうそろそろ引退であれば、安定した収入はより重要になる。

差し当たりは、緊急用の引き出しを確保しておこう。

そして、それ以降は、自分の収入から投資できる金額や、投資利益で得られた収益を一定の割合で、残りの4つ（安定した収入、長期投資、加速成長、人生を楽しむ）の引き出しに投資しよう。


30%・30%・30%・10%がいいのかもしれない。

リスクを抑えるなら、40%・40%・15%・5%が良い。

リスクを増やすなら、20%・20%・50%・10%でもいいのかもしれない。

年齢や生活のステージに合わせてリスクを選択しよう！

でも、どのような割合であったとしても、忘れてはならないことがある。

それは、自分の湖への川を掘っていることであり、最終的に安定した不労の収入源だけで生活できるようになりたいということである。


そうすれば、あなたは自由になれる。

寝ながら稼ぐ人生がそれから永遠に続く！

麻雀と同じだよ

あなたは麻雀をやったことがあるだろうか？
大学時代に私は少しだけかじったことがある。
とても楽しいゲームであるが、ルールは難解。
なかなか上達しない。
そして、やがて、このゲームで上達する方法はひとつしかないということを知った。
それはお金を賭けるということだ！

10円でも100円でも良い。
実際に自分のお金を賭けているとなれば、あっという間にルールをすべて覚え、上達していく。

投資の世界もこれと同じである。
机上の空論は意味がない。
実際に市場に入り、少額で勝負をする。

そうすれば、あっという間に上達する。
本だけで勉強していても、始まらない。

早速、証券会社に足を運び、口座を開設し、少額でもいいので、開始しよう。

そして、学びを得るために、**投資日記**をつけることにしよう。
投資をするとき、なぜその投資に踏み込んだのかを書き込む。
どういう分析をし、どういうところに注目し、どういうリターンを期待し、どういう魅力を感じてその投資を行なったのか？

次は、その投資対象物を売却するとき、または解約するとき、なぜそうしたのか？ これも書き留めてみることにしよう。

そして、最後に、その案件から何を学んだのか？
これが肝心である。

最初から、プロにはなれない。

それは無理な相談である。

しかし、学び続ければ、嫌でも腕が上がる。
それまでの話であるのだ。

どの道でも、学び続ければ、上達していく。

あなたが大手証券会社やファンド・マネジャーよりも優秀な理由

素人がプロに勝る世界はある。
投資もそのひとつだろう。

大手証券会社やファンド・マネジャーにはたくさんの資源がある。
情報がある。

取引を機敏にできる。

絶対に優勢にみえる。


しかし、必ずしもそうでない。

なぜだろうか？

それは、彼らは大きなお金を動かさないと意味がないからである。

そして、多くの投資機会は少額でしか実践することができない。


私の運営していたファンドでも、２０００億円のお金を動かしていた。

数十万円の利益になるような投資機会は何の意味もなさない。

１％の利益を上げようと思えば、20億円なのである！

大きくお金を動かすしかない。


ところが、大きなお金を動かすとき、それだけで損することもある。

なぜなら、市場がその動きを敏感にキャッチし、買おうとしているものの値段が上がってしまう。または、売ろうとしているものの値段が下がってしまうのだ。

取引するたびに、数パーセントの損が出ることさえある。

その打撃が大きい。


不動産なら、1000万円のワンルームは対象から外れる。

ビルを丸ごと買わないといけない。


あるいは、実際の市場において、売買しようとしている数量ほどの**出来高**（その日に取引される株式などの数）がないこともある。


様々な制限がある。

しかし、あなたには、そのような制限はない。

小さい投資機会も有意義である。

数十万円の利益は生活に響く。


そして、また、大手と違う情報を見ることができる。

私はアップルの大成功を先読みすることに成功した。

その理由は単純。iPhoneが発売される直前、周囲の人たちがみんな欲しいと言っていた。

それだけのことだ。

まだ財務諸表や売上には表れない。

このような情報は、個人投資家が得意。

また、株式投資ファンドなどにもうひとつ、絶対に不利な点がある。

それは、株式に投資をするということを、顧客に約束しているということだ。

これから市場が暴落しそうだったら、あなたはどうするだろうか？

当然保有している株式を売り飛ばして、しばらくの間様子を見ながら現金にしておくことだろう。

しかし、ファンドだと、それはできない！

株式に投資をすると顧客に約束しているから、暴落すると確信していても、株式を保有し続けるしかない。

より暴落しない方の株を選ぶのに必死なのだ。

小さい魚には、小さい魚の生き方がある。

クジラにはクジラの生き方がある。

小魚には、小魚の生き方がある！

スーツを着たサメと一緒に泳ぐな！

小魚なら、知らなければならないことがある。

それは、この海の中にサメがいるということだ。

そして、ほとんどの場合、そのサメがスーツを着こなし、スムーズな喋《しゃべ》りを得意とするということだ。


金融業界は何のために存在しているのか？

それは手数料を徴収するためだ！


業界の中で、平気でこういうセリフを口にする人は後を絶たない。

お客様（カモ）から、手数料を巻き上げる。

小魚を食べてしまう。

金融業界は、手数料を取ることを目的としている。

少し考えてごらん。
500万円の投資資金を持っている顧客を扱っているとしよう。
そして、顧客が50人いるとしよう。
とすると、合計2億5000万円しか投資資金が入っていないことになる。
そして、1000万円の年収を稼ぎたいなら、4%の手数料を取らないといけない。

しかし、そこでちょっと待ってください。
それは本人の給与だけだ。
あの一等地の事務所などの費用はどうなるだろうか?

そうとなると、もっと高い手数料を取らなければならない。
そして、それはすべてあなたの投資利益から差し引かれることになる。

とにかく、あのスーツを着ているのは、サメであり、あなたの利益を第一に考えていないということをしっかり覚えておこう。

その手数料高くない？

そこで、投資商品なるものを勧められた場合、じっくりと見て、分析しなければならない。特に、そう、**手数料**のことだ！

販売手数料、保管手数料、監査手数料、レバレッジ手数料、元金保証手数料、固定管理手数料、変動管理手数料、後を絶たない。

〇〇手数料は25 bps（ビップスと読む）みたいな表記が出てくる。

1 bpsは1％の100分の1。

従って、25 bpsは、1％の4分の1。

「大したことないから、まあ、いいだろう……」と読み流す。

しかし、手数料の種類が多いため、バカにならない。

そして、あっという間に、合計して年間5~6％以上もの手数料がかかっているファンドやその他の投資商品は珍しくない。

1bps＝1％の100分の1。このbpsが大事だ!!!

そうとなったら、年間8％の運用成績を上げたところで、あなたの手元に残るのは、2％程度になる。豊かになるのは、結局スーツを着たサメ野郎（苦笑）。

それなら、自分で投資を学び、投資の意思決定を自ら行ない、運用成績をすべて自分のために取っておいた方が良いではないか。

運用実績が半分になっても、手元に残るのは倍になる。

投資の意思決定は自分で行なうようにしよう！

証券会社を選ぶときも手数料をよく考えよう。

一回一回の取引手数料は小さい金額にみえるだろうが、重なってくるから、手数料の安いところで口座を持っておきたい。

証券会社を選ぶときも、手数料が肝心！

投資と投機の違いはこうやって見分ける

具体的な投資方法論に入る前に、もうひとつだけ述べておきたい。
それは、**投資**と**投機**の違い。

投資は**ギャンブル**だと思っている人が多い。
しかし、そうでない。
ギャンブルなら、長続きはしない。
あっという間にお金がなくなってしまう。

投資は、長続きをし、負ける日があっても、勝ち戦が多い。

投資には勝ち戦が多い！

なぜだろうか？

投資も投機（ギャンブル）も、予測業である。

あなたはある銘柄を選定し、これから価格が上がるだろうと予測し、購入をする。

カジノに入り、**ルーレットのホイール**（回転盤）の前に立ち、赤になるだろうと予測し、お金を賭ける。

何が違うのだろうか？

株を選定するとき、市場の動き、その会社の商品のラインナップ、業界の動向、収益などを考慮して、株価が上がるだろうと思う**正当な理由**がある。

ルーレットの場合は、赤になると思う理由は何もない！

カジノに入り、ルーレットのテーブルに行くと、そこに電子掲示板があり、そのホイールで今までどういう数字が出たかを表示している。この掲示板が、金融業界でいわれる**金融詐欺**である。

そこで、赤が5回連続出ているとする。

すると、次は赤が出る可能性が高いのか、黒が出る可能性が高いのか？

どちらでもない！

ルーレットのホイールには歴史がない。

今までの結果は、これからの結果にまったく影響しない。

だから、赤になると思う理由も、黒になると思う理由もない。


そして、カジノは、緑（0または00）の数だけ、あなたのお金を巻き上げる。（賭ける金額が小さいテーブルの場合、緑のます目はふたつあるが、大金持ちがギャンブルする部屋においてはひとつしかない。）


投資の場合、上がると思う正当な理由がある。

投機の場合、上がると思いたいだけである！


あるとき、友達から相談を持ちかけられた。

その人は、とある国内の航空会社に勤めていた。

「自社株を持っているのだけど、ずっと値が下がり続けている。どうしたらいいと思う？」

「ずっと下がっているなら、なぜ持ち続けているのですか? 私は損するのが嫌だから、投資している銘柄が下がり始めると売り飛ばして、二度と振り返らないのですよ」

「いや、せめて、元の値段に戻るまで待とうと思って……」

「あなたはその会社で働き、毎日事務所に行っています。雰囲気はどうですか? 業績が回復しそうですか?」

「いやまったくダメですよ! みんなが落ち込んでいるし……でも、何とか元の値を取り戻すまでは……」

まったくの**希望的観測**に過ぎず、ギャンブルなのだ。
これでは、話にならない。

私たちは、投資のすべてに理由があり、勝敗の確率が有利なものに集中しており、継続的な収入を生み出そうとしている。自分の湖へのしっかりとした川を掘る。そして、寝ながら稼ぎ、最高の人生を手に入れる……

高校生でも億万長者になれる！

本書で株式投資の話をじっくりとやっていこう。これは最も基礎的な投資のひとつであり、かなり少額からの参入も可能だから、若い人でも始められる。

株式は、簡単にいうと、**会社の所有権**である。だから、その会社の**成長**（会社の価値上昇）の恩恵にも与《あずか》るし、**配当金**（利益の分配）の支払いがあったとき、持っている株数に合わせてそれを受け取ることができる。会社の役員の選定にも投票できるし、会社がもし清算することになった場合、借金などの返済が終わってから残っている資産の一部が自分に還元される。もちろん、会社が売却されることになったら、相手はあなたの株を買わないといけないから、**売却益**も受け取れる。

株式は、会社の所有権である。
従って、株主は、会社の株価上昇、利益の分配、売却益などの恩恵に与ることができる。

しかし、このいろんな特典がありながらも、会社の負債に対しての責任はない！　投資した元金《がんきん》は損することがあっても、それ以上のことを追及されることはない。

つまり、株を買うことにより、会社のオーナーになるというわけだ。

そして、毎日その会社であくせく働く従業員たちがあなたのために労働している。

会社は生き物である。

従って、成長していくという習性がある。

そこで、長期にわたる株式投資は、時代を超えて好成績を出し続けている。短期において、市場は暴落することもあるが、長期でみれば、株式投資をやり続けた人たちは大きく得している。

私が高校を卒業した翌月（1983年6月）に1ドルをアメリカの株式市場に投資していれば、単純に**S&P500**という全体の市場を表す**インデックス**を買っただけでも、その1ドルは今31・22ドルになっている!!!

34年間で、31倍以上の資産形成なのだ。

（＊受け取る配当金をそのまま再投資している計算である。）

つまり、3万100ドルをそのときに投資していれば、何も考えなくても、億万長者になっているというわけである。それもすべて、完全に爆睡しながら稼いだ資産であるのだ。そして、そのまま置いておくだけだから、まだ一円たりとも税金が取られていない!!!

これはほとんどの人に可能な金額なのだろう。

この威力を考えれば、子供を出産したとき、子供のために50万円を投資すれば、大学の卒業時に、476万円、定年退職のときに、3億8856万円になる。40年間あくせく働いた会社の退職金と比べてどうだろうか？ かなり大きいはずである。いや、それどころか、大卒サラリーマンの平均生涯賃金の2億5000万円を大きく上回るではないか！

子供を出産したときに、国がたったの4万2500円の投資を義務付ければ、年金制度を設ける必要はない!!!（定年退職後、投資利益だけで国民の平均税引き後所得を維持する

のに必要な金額）

やはり、働いて稼ぐよりも、寝ながら稼ぎ、お金や他人に働いて稼いでもらった方が良い。

子供を出産するとき、４万２５００円を投資すれば、年金制度は要らない！

賢い人は愚か

長期投資をせずに、頻繁に株を売買し、何とか市場全体よりも良い成績を出そうとする人は多いことだろう。

しかし、それでうまくいっている人はどのくらいいるだろうか？

10年間のスパンでみれば、プロの投資家が運用している**株式投資ファンド**の80％が全体の市場を下回る業績しか出せていない。つまり、その人の投資がうまくいくかどうかは、偶然以下の確率なのだ！

やはり、賢いと思う人は愚かだ。
しかも、個人でやる場合、頻繁に売買していれば、その都度、利益に課税されるので、複利効果が大きく損なわれる。

市場全体の上昇率を超える投資パフォーマンスは、**アルファ（α）**といって、金融業界では、龍やユニコーンのように求められる。あるとは聞いているが、実際になかなか遭遇しない（苦笑）。

プロの業績が偶然以下の不出来である。

投資と投機の違いを思い出そう。
そうなると思う正当な理由があるだろうか？
市場全体に勝てると思うしっかりとした理由があるだろうか？

もし、なければ、全体の株式市場のパフォーマンスをトラッキングする**インデックス・ファンド**（これらは非常に低手数料で日経平均、ＴＯＰＩＸ、ダウ・ジョーンズ、Ｓ＆Ｐなどの株式指数に含まれる株をすべて一定の割合で購入し、管理してくれる。最も基礎的なツールのひとつなので、絶対に覚えておきたい）に、毎月の給与の一部を投入し、退職するまで持っていよう。

インデックス・ファンドが最も基礎的な投資である。

就職してから定年退職まで、毎月たったの1万円を投資していけば、1億円を超える老後の蓄えになる。大金持ちで退職できない理由はどこにもない。

次のマイクロソフト、アップル、アマゾンを探し出す確実な方法

株式市場・経済全体の成長の恩恵に与《あずか》るという戦略も素晴らしいが、単独企業の大きな成長の波に乗ると、一気に資産形成が加速される。

マイクロソフトが上場した1986年に100株を2100ドルで購入していれば、13年後の1999年に1400万ドルになっていたのである。666倍の増加だ！

一攫千金といわないまでも、それに近いものがある。

それを、大学を出た22歳のときに行なっていれば、初任給程度の投資だけで、35歳で引退できるほどの資金になるのだ!!!（現在まで持っていれば202万3776ドルになっている）

アップルが上場した1980年に、100株を2200ドルで買っていれば、それは、371倍の81万6984ドルにまで膨れ上がっている。

1997年にアマゾンが上場したとき、100株を1800ドルで購入していれば、それは今となって102万2400ドルになり、668倍の成長だ。

問題は、どのようにして、次のマイクロソフト、アップル、アマゾンを見つけるかである。

そして、それは可能なのだ!!!

ここで理解してほしいことがある。

それは、新しい技術や商品が実際に消費者や産業に導入されるまでには、かなり長い期間を要するということである。

私は技術高校に通っていたが、1970年代に、そこの高校生たちがすでに電気自動車を制作していた。

しかし、電気自動車が消費者の間に普及し出したのは、2010年代になってからである。

私の父は、物理学者で、RCA社の中央研究所に勤務していたことがあった。1960年代の初期、その研究所で建物間の通信をレーザーで行なっていた。

しかし、光通信の技術が通信産業に普及したのは、1980年代になってからである。

政府が、コンピューターを利用するようになったのは、世界大戦のときであるが、企業がコンピューターを広く利用するようになったのは、1960年代の半ば以降である。

従って、新しい技術に投資をすれば、リターンが見込めるまでは、かなりの年数がかかり、リスクが極めて大きく、魅力に欠ける。

最先端のことを英語で、「the leading edge」と言うが、このような投資のことは「the

bleeding edge」と呼ばれる。つまり、この段階で投資をする人は出血するばかり。

先端技術は、個人投資家に不向きである。

研究室で発見されてから20～30年が経ち、いよいよ実用化され始める。そして、もしそのときに市場の要望に合えば、普及し始める。

ここがチャンス。

最終的にその商品を導入するであろうというお客様の10％が実際にその商品を導入した時点がおいしい。

それ未満なら、まだその商品は本当に普及するかがわからない。

しかし、10％程度の**浸透率**になれば、見込みは大きい。

その時点で、どこの会社の株を買えばいいのか？

それは、その時点における**マーケット・リーダー**（最も大きなマーケット・シェアを持つ企業）の株である。

最も大きなシェアを持つマーケット・リーダーは、リードし続ける習性がある！

市場浸透率が10％に達した時点で、マーケット・リーダーの株を買おう！

一般大衆の人たちの10％が自動車を持つようになったとき、マーケット・リーダーはどこだったのだろうか？

フォード自動車である。

そのときにフォード自動車の株を買いたかっただろうか？

それを買っていれば、億万長者になっているというわけである。

10％の企業がコンピューターを導入したとき、マーケット・リーダーはどこだったのだろうか？

ＩＢＭである。

そのときにＩＢＭの株を買いたかっただろうか？

それを買っていれば、億万長者になっているというわけである。

インターネットの普及率が10％になったとき、インターネット機材のマーケット・リーダーはどこだったのだろうか？

シスコシステムズである。

そのときにシスコシステムズの株を買いたかっただろうか？

それを買っていれば、億万長者になっているというわけである。


10％の人がインターネットで買い物をするようになった時点で、インターネットの買い物のマーケット・リーダーはどこだったのだろうか？

アマゾンである。

そのときにアマゾンの株を買いたかっただろうか？

それを買っていれば、億万長者になっているというわけである。


このパターンは繰り返される。


そして、市場における導入が80％に到達したとき、その株を売り飛ばす。

それ以降は、それほどの大きな成長が見込めなくなるからである。

市場浸透率が80％に達したとき、売り飛ばして、次のネタを探そう。

その会社の業種すら知らなかった

成功にはパターンがある、そして、その**成功パターン**を発見すれば、成功するのは当たり前になる。

それと同じように、株式市場にいろんなパターンがある。それを発見すれば、投資がうまくいくというわけだ。

成功にはパターンがある。そのパターンを探そう。

そのパターンのひとつに、会社によって、株価がある**一定の範囲内**で上下をするというものがある。

このようなパターンを見つけたとき、万歳だ！


あるとき、このように一定の範囲内に上下している株を発見した。

BT社と呼ぶことにしよう。

いろいろ調べてはみたが、難しすぎて、この会社は何をしているのか、よく理解できなかった。通信関係の何かだったが、詳しくはわからない。

私の知っていることはただひとつだけだった。

その会社の株価が12ドルと14ドルの間で上下を繰り返しているということだった。


そこで、そのパターンに乗ることにした。

12ドルになったとき、購入した。

2週間後に14ドルに達した。

だから、売却した。

たったの2週間で16％の利益である。

また12ドルになったら、今度は買い戻した。

そして、10日間から2週間おきにこれを繰り返した。


あるとき、市場の評価が変わり、株価がこのレンジを離れて動き始めたので、早速この取引を打ち切って違う機会を探し始めたが、続いた間は、かなりおいしいネタであった。

パターン外の動きが始まれば、次を探すときだ。

市場が上がっても、下がっても……

素晴らしい企業を探し出し、その会社のこれからの成長を見込み、これから株価が上昇すると考えていれば、どうするだろうか？

当然、その会社の株を買っておくだろう。

そして、上昇したら、次はどうする？

いうまでもなく、売却するだろう。

つまり、上昇すると思っていれば、「**先に買って、後で売る**」ということだ。

上がると思うものは、先に買って、後で売る。

しかし、いろいろな企業を調査していく中で、この会社はまったくダメだなと思ったら、どうするだろうか？

その株をすでに持っていれば、すぐ売りの注文を入れて、損失を防ぐために手放すだろう。

ところで、持っていなければ、どうするか？

この情報で、損を防ぐだけでなく、儲かる方法はあるだろうか？

答えは、もちろんある！

現代の投資商品の構成では、どのような予測でも儲かる方法がある。

唯一の条件は、自分の予測が当たっているということだ。

従って、投資のプロにとっては、上がる株でも、下がる株でも構わない！

儲かる唯一の条件は、自分の予想が当たっているということだ。

では、具体的にどうするのか?

自分の証券取引口座にアクセスして、そのまま売りの注文を入れる。

そこで、あなたは抵抗するだろう。

「持っていないのだから、売れないのではないか?」

しかし、そうでない。

「どうして???」

謎だらけと思うことだろう。

ここは、金融業界**マジック**が起こるところである。

あなたが持っていない株を売るという注文を入れれば、あなたの証券会社はあなたの口座の中身を確認して、持っていないということをすぐ把握する。そこで、ないとなれば、他人の口座の中身を調べて、あなたが売りたいと言っている株式を保有している顧客を探す。そして、その人の口座からその株式を借りて、あなたの名義で売り飛ばす！

もちろん、その顧客に黙ってのことである。

この取引は**空売り**と呼ばれる。

1800年代にアメリカのウォール街で大活躍した投資家、ダニエル・ドルーが次のように表現した。

「He who sells what isn't his'n, must buy it back or go to prison.＝他人の物を売った人は、買い戻さなければ、刑務所行きである！」

つまり、後でその株式を買い戻して、迷惑をかけないように相手の口座に戻せばいいのだ。

100ドルの株式を売って、後は予測通りに下落して、80ドルになれば、あなたは80ドルで買い戻し、20ドルが儲かるというわけである。

もちろん、予測が外れて、上昇して、120ドルになれば、その価格で買い戻すことになるから、損が発生する。

下がると思うものは、先に売って、後で買う。

ここで、注意すべきことは、株を提供した相手が損しないようにしなければならないということだ。だから、途中で配当金の支払いがあったりした場合、あなたはその人にその金額を支払うことになる。また、人の株を貸しているにもかかわらず、証券会社がその株式のローンに対して、金利を徴収するから、そのポジションを長く保有すると、コストがかさむ。

だから、ある種のリスクは伴うが、下がり市場で儲かる方法なのであるから、**投資の道具箱**に入れておきたい。

上がると思う場合、「先に買って、後で売る」。
下がると思う場合、「先に売って、後で買う」。

これだけ単純で明快なことなのだ。

ダメ会社を探そう……

現代のように競争が激しい時代において、自信を持って、「この会社は絶対にうまくいく！絶対この競争に勝つ！」と断言できる会社を探し出そうとすることは容易でない。

しかし、意外と、ダメな会社ならいくらでも探し出せる。


去年のクリスマスの時期に、家の近くのショッピングモールに買い物に出かけた。

そこで、シアーズというデパートに入った。

店の中は、スカスカで、買い物客はほとんどいなかった。

次は、隣のノードストロームというデパートに入った。

そこは、打って変わって、大賑わいであった。


その様子を見て、私は思った。

「これでは、シアーズという会社はうまくいかない」

クリスマスの時期に大きな売上が立たないと、アメリカのデパートの1年間の業績はダメになる。

その業績はもちろん未発表である。

クリスマスの時期が終わって、初めて証券アナリストなどに数字が渡される。

しかし、目が開いていれば、買い物客の少なさはあなたにもすぐわかることだ。

「この会社の経営はダメだ。これでは繁盛しない」と。

すぐ、その会社の株の空売りに取り掛かる。

そのとき、シアーズの親会社の株価は、12ドル50セントだった。

2ヶ月後に、5ドル50セントにまで落ち込んだ。

空売りをしている人は、100株を売っていれば、700ドルの利益を享受するというわけだ。

市場のリスクはこうやって無くせる!

1949年にアルフレッド・ウィンズロー・ジョーンズはフォーチュン誌の記者をしていた。

そこで、株式投資ファンドを調査し、それについての記事を執筆していたが、どのマネジャーをみても、その戦略に物足らなさを感じた。

少し、考えてごらん。

あなたは投資をしていて、予測が当たっているにもかかわらず大損をしたとすれば、どのような気持ちになるだろうか？

それは、さぞ怒ることだろう。

しかし、実は、このようなことがプロの株式投資のファンド・マネジャーによく起こるものである。


先ほども少し紹介したが、ここでもう一度より詳しく説明することとしよう。


これから、株式市場が暴落するとあなたは確信しているとしよう。

どうするか？


あなたは当然、自分の保有している株をすべて売却し、現金化し、現金を持ちながらしばらく様子をみておくことにするだろう。


しかし、株式投資のファンド・マネジャーはそれができない。

投資家に対して、株式に投資をするという約束をしている以上、通常の場合、80％以上の資金を常に株式に投資していなければならない。全額を現金化できない！

これだけでも、投資ファンドのやっていることに大きな疑問がわいてくる。

しかし、それだけではない。

あなたは、トヨタ自動車という会社は素晴らしく、経営陣もしっかりしていて、これから好業績になると予測している。

従って、トヨタの株を購入する。

そこで、予測が当たり、トヨタは増収増益になるが、株価が暴落するということが起こり得る！

「なぜ⁉」と、不思議に思うことだろう。

それは、トヨタという一企業はいいが、株式市場全体が不振に陥ることがあるからである。

株式市場全体の暴落には勝てない。

増収増益ということで、当然他の企業ほど落ち込んではいないが、そんなことは、お金を損しているあなたにとっては、何の慰めにもならない。

しかし、この**市場の変動リスク**をすべて無くす方法があったら、どうだろうか？

アルフレッド・ウィンズロー・ジョーンズがその方法を発見した。

そして、早速、フォーチュン誌を退職し、自分のファンドを立ち上げた。


どのようにして市場のリスクを無くしたのか、これは興味深い。


ジョーンズ氏が、トヨタのような素晴らしい企業を探し、そこの株式を購入する。

ここまで、普通の人と同じである。

しかし、そこからやることはまったく違う。

次は、ダメな会社を探す。

例えば、「これからクライスラー社はダメだな。売上が凹んでいるし、技術の革新が大幅に遅れている……」。

そこで、その会社の株式を空売りしておく。


１００万ドルのトヨタの株を買えば、同額の１００万ドルのクライスラーの株を空売りする。

すると、どうなるか？

市場が上昇すれば、トヨタの株で利益を上げる。しかし、空売りしたクライスラーの株を高く買い戻すことになるから、ここで損している。

市場が逆に暴落すれば、どうなるか？

買ったトヨタの株で損はするが、クライスラーの株を安く買い戻せるので、そこで得している。


どちらのケースでも、トントンである！

だから、市場の上下はまったく気にする必要はない!!!

上がっても、下がっても、自分に関係のないことだ。


良い会社の株を買い、ダメ会社の株を空売りすれば、市場のリスクを無くせるのだ!!!


そこで、唯一の大切な要因は、トヨタとクライスラーの**相対的なパフォーマンス**なのだ。

だから、トヨタはクライスラーよりも良い業績の改善を示せば儲かる。

または、両社の業績が悪化しても、トヨタの悪化の幅がクライスラーと比較して緩やかなものであるならば、それでもお金を稼ぐことになる!!!

そして、この簡単な**マーケット・ニュートラル**の戦略を導入することで、それから10年間にわたり、全米ナンバーワンの株式投資ファンドの上昇率を87%も上回る好業績を出し続けた。

市場の動向を読み取るのはとても難しいが、単独企業の先行きを読むのはそうでもない。

株が収入源になる日

株式は会社の所有権であるから、会社の成長の恩恵に与るのみならず、会社の**利益の分配**も受けることができる。

会社は利益を計上すると、ふたつの選択肢がある。

ひとつの道は、その利益をそのビジネスに**再投資**して、さらなる成長を目指すということである。これから大きな成長を見込める会社であれば、これは正解になるし、株主にとっても得である。

しかし、その会社が成熟していて、大きな成長を見込めない場合は、**配当金**を通してその利益を株主に分配する道が魅力的になってくる。

多くの場合、通信会社、電力会社、資源開発の企業などは、定期的な配当金を支払っており、これらの銘柄は**成長株**ではなく、**収入株**になる。

現在、S&P500社のうち、最も大きな配当金を支払うトップ80社のインデックス・ファンドを例にとってみれば、年間の配当金が4・32%になっている。

大きな成長は見込めないが、しっかりとした企業であれば、配当金で収入源を与えてくれる。

成長株の大きなリターンほどセクシーではないが、かなり安定しており、マイナス金利時代の銀行預金と比べれば、魅力が大きい。
また、定期預金と違って、いつでも現金化できるので、都合が良い。
そして、株式市場全体の上昇の恩恵も受けられることを忘れてはならない。

投資に保険をかける⁉

ウォーレン・バフェットによると、投資のルールは次の通り。

第一のルール：絶対にお金を損してはならない。
第二のルール：第一のルールを忘れてはならない。

これは意外と的を射た発言である。

投資で儲かるということはリスクを取ることだからである。
リスクのない投資は存在しない。
投資のリターンはリスクの代償に過ぎない。

リターンはリスクの代償である。

しかし、取って良いリスクと取ってはならないリスクがある。

例えば、ある業界をよく研究していて、その中で○○社は素晴らしい会社で、商品が良い。そして、経営陣が優れていて、将来の見通しが晴れ晴れしい。

そこで、あなたはその会社の株式を買い、投資することに。

ところが、予測が外れていれば、どうすべきだろうか？

大きな損失を出しかねない。

そう、保険をかけるのだ。

知っている保険の種類によって、投資のプロ度合いが決まるといってもいいだろう。

プロの投資家というものは、保険のかけ方を知っている。

ここで、最も基本的な保険を紹介しよう。

それは**ストップ・ロス・オーダー（損切り注文）**というものである。

株式を購入し、ある一定の価格に下がった場合、即刻売り飛ばすように先に注文を入れておく。

すると、一定以上の損失は防げるというわけだ。

投資の鉄則は、「得するときは大きく、損するときは小さく」と言う。

市場が瞬間的に大暴落すれば、注文は希望の価格で実施されないことはあるが、これはやや珍しいケースである。従って、通常の市場においては、自分の受け入れる損失を事前に設定することになる。

ストップ・ロス・オーダーをかけることなく、株式の投資をしないようにしよう。

私の場合、常に5～10％のストップ・ロス・オーダーを入れている。

それ以上は損したくない。

そして、投資をするとき、20％以上の値上がりを期待できるものに限定してやっている。

冒したリスクの倍以上のリターンを狙いたい。

そうすれば、最後はゲームに勝つ可能性が大きい。


得するときは大きく、損するときは小さく。

冒したリスクの倍以上のリターンを狙おう！

情報が無料の時代だからこそ情報を買う

株式投資は、何よりも**情報戦**である。

まずは、**リアルタイムの株価情報**を持っていなければ、話にならない。


しかし、それだけではない。

様々な企業を調査し、優良な投資案件を洗い出している専門家がいる。

そういうものの**ニュースレター**や**トレードのアイディア**を手に入れたい。


それから、経済誌なども読んでおきたい。

素晴らしい企業との出会いがあることだろう。

そして、何よりも、**生の情報**を大切にしたい。

買い物や、通常のビジネスの中で、誰も気づいていない案件が見つかる。

あるとき、私の師匠が人に次のように言っているのを横で聞いて、大変勉強になった。

「その競合相手に負け戦続きだったよね。何で先方の株を買っておかなかったのか？」

これはまさに生情報であり、それに勝るものはない！

Making money while
you sleep!

第6章

お金持ちはみんな
不動産を持っている

賃貸か？ 購入か？

お金持ちはみんな不動産を所有している。
これは単純で明確な事実である。
なぜだろうか？

多くの人は、寝ながら稼ぐどころか、寝ながら損している！
この1ヶ月を振り返ってみてください。
あなたの最も大きな出費は何だったのだろうか？
おそらく、それは**家賃**だったに違いない。

するとどうなるだろうか？
あなたは毎晩寝ながらお金が出ていく一方である。

家賃の一円たりともあなたの資産としては残らない。

しかし、家を購入している場合はどうだろうか？

もちろん銀行ローンの利息の分は出費になるが、元金支払いの分は、資産価値として、あなたの元に残る。

つまり、宿代の一部は、出費ではなく、貯金の積立になるというわけだ。

そして、支払いが終われば、家にかかる費用が固定資産税とメンテナンスのわずかな金額に収まり、その後、資産形成が著しく加速される。なぜなら、毎月の家賃に充てていた金額がそのまま投資に回せるようになるからである。

購入せずに賃貸で借り続ければ、いつまで経っても、家賃が増えていくばかり。

家賃は大家よりも、自分に支払った方が良い！

不動産投資の7つの特典

不動産を所有することには、様々な特典がある。

まず、第一に、前述のように、自宅を購入することにより、宿代の一部が資産として残るということである。そして、ローンの返済が終了すると、**家賃がなくなる**ことになる。

第二は、**老後の安定**を与えてくれる。

必ず住める場所があるということには、大きな安心感がある。

そして、ローンの返済が済めば、いざというときに**リバースモーゲージ**を組むことで、持ち家に住みながらも、そのバリューを生活費に充てることもできる！

第三の特典は、**インフレ・ヘッジ**になるということ。

政府の政策で、毎年物価が上がっていく傾向がある。つまり、年々家賃が向上し、そして、貯金の購買力が低下する。

しかし、不動産を持っていれば、それの利用価値を維持できるので、インフレに影響されにくい。

第四の特典は、不動産の**値上がり**に伴う利益である。優良物件の場合、または特価で購入した場合、持っているだけで、価値が上昇するので、これも寝ながら稼いでいる。

第五の特典は、自宅以外の不動産を購入する場合、**家賃収入**を期待できる。これは寝ながら稼ぐ最も基本的な戦略のひとつ。

第六の特典は、**節税効果**である。

賃貸用や事業用不動産を購入した場合、建物や家屋の**減価償却費**を所得から差し引くことができる。節税効果のためにだけ不動産が買われるケースも少なくない。

第七の特典は、**社会的ステータス**である。

不動産を持っているだけで、地主となり、銀行などから寄せられる信用も高まる。また、結婚などにおいても有利になるだろう。

不動産所有の７つの特典

❶ 家賃の減少
❷ 老後の安定
❸ インフレ・ヘッジ
❹ 値上がりに伴う利益

❺ 賃貸収入の確保
❻ 節税効果
❼ 社会的ステータス

これらの特典を考えれば、早い時点で不動産を取得することは、人生においてかなり有利であるし、寝ながら稼ぐ将来の大きな土台をなすはずである。

不動産は、一週間以内に儲かるもの⁉

不動産投資は、かなり長期的な投資に思われるだろう。
しかし、不動産のプロにとっては、購入した日に儲かるものだという意識がある。
なぜだろうか？
それは**市場価格以下**で購入しているからである！

市場価格以下で購入しよう！

どうしたらそれができるだろうか？

それは物件探しに時間をかけるのだ。
そうすると、市場価格以下で購入できる物件はいろいろあるということがわかる。

- 持ち主が困っていて、早く現金を必要としている。
- 銀行などが差し押さえていて、一日でも早くローンの金額以上の価格で売却したい。
- 売り手が転勤などで、とにかく早く引っ越さないといけない。
- 地下鉄が通るなど、立地条件の改善がまだ十分に価格に盛り込まれていない。

とにかくたくさんある。
バリュー物だと確信するまで探し続けよう。

掘り出し物を見つけるまで、探し続けること。

都市計画が将来の宝船

昔から、不動産業界での格言がある。

「ロケーション！ ロケーション！ ロケーション！」

不動産は場所であるから、場所の質で価格が決まる。
銀座四丁目交差点と、そこからひとつ奥に入った物件とでは、大違いなのだ。
従って、不動産を購入する際、そのロケーション・場所を十分に吟味する必要がある。

不動産は場所だから、その場所を吟味する必要がある。

そして、場所を吟味する上で、最も重要な要素はといえば、これからの都市計画なのである！

これを確認することなく、不動産を購入して、後で泣きを見る人は何と多いことだろう……

あるとき不動産物件を見て回っていた。
すると、かなり魅力的な物件に出合った。
中身もよく、場所もよく、価格も市場の相場を下回っていた。

オーナーはお年寄りで、その物件を売ったお金でゆっくりと老後を過ごしたいと言う。

早速、市役所に出向いて、都市計画課の人に相談してみた。

「ああ、あそこね……」

謎の反応である。


担当者を呼び、都市計画の地図を広げてみせてくれた。

すると、何と、検討していた土地の真ん中に道路が通ることになっているではないか！

それも、そこに立っている家の玄関の真ん前。

ゆったりと使えると思っていた土地は、とても狭苦しくなるし、うるさくもなる。

その案件を見合わせたことはいうまでもない。


あるとき、大きな更地を見つけた。

これぞと思った。

かなり広く、分譲すれば、大きな儲けを期待できる。

そして、また市役所へ。

今度は、道路の工事予定はないが、それが問題。

下水が通っていなくて、この後の20年の間、水道がそこに届くことはまずないと言う。

そして、下水が通るまで、分譲はできない。

そこまでの期間を視野に入れていなかったので、また断念。


次に発見した物件もなかなか面白い。

これは建売の一軒家である。

業者が早く売って、その資金で次のプロジェクトを進めたいという状況で、かなり市場の相場を下回る価格で手放してもいい様子だった。

また市役所へと出向く。


すると、面白みが増えるばかり。

表の道路の改善計画、電車が通る計画、近くの橋の再建計画、自転車コースの整備予定などがあった。

こうなれば、買ってから価格の上昇は期待できる。

実際にその物件を購入し、2年間で市場価値が約50%上がったのである。

誰もが住みたい街

物に価値を与えるのは、それを所有したい、利用したい人間がいるからである。

美味しい魚が高い。

まずい魚は見向きもされない。

これが原則である。

価格は利用価値からくる。

不動産も例外ではない。

その場所を利用したい人がいるから価値が上がる。

しかし、その地方が魅力を失えば、ゴーストタウンとなり、不動産の価格が下落し、二束三文で売買されてしまう。


そこで最も不動産の価値に影響されるものとして、人口が挙げられることになる。

人口が増えれば、不動産の売り値も賃貸料も上がる。

それだけのことだ。

不動産の価格は人口推移で決まる。

1970年に米国のポートランドという街に引っ越した。

当時、住んでいた家の価格はわずか2万ドルだった。

その家は今でも同じ場所に立っている。

家屋は50年近い年月が経ち、その分古くなっている。

しかし、今日の推定価格が48万ドルとなっている！

インフレもあるが、なんといっても、ポートランドは全米で最も住みたい街として何度も選ばれ、人口が急増していることが大きい。

そして、その郵便番号にある家が全米で最も早く売買が成立することとなり、売りに出される当日に売れてしまうケースが珍しくないほどになっている。


こういう場所の投資魅力はありありなのだ。

問題だらけの物件は最高だ！

不動産投資で儲けを上げる最も確実な方法は、あなたの解決できる問題を抱えている物件を探し、購入することである！


問題のない物件を探すと、価格が問題になる。

普通の人なら、誰もが問題のない物件を探しているからだ。


何でもそうだけど、価格は**需要と供給のバランス**で決まる。

問題のない物件は少なく、探している人は多い。従って、価格が高い。こうした物件で利益を上げるのは一苦労である。

問題のない物件の価格が問題だ！

しかし、**問題だらけの物件**になると、いっぱいある。そして、求めている人は少ない。

すると、非常に安く購入できることが多い。

修理やリフォームを必要としている一軒家、住人が入らないアパート、見た目が良くない庭、マーケットの条件が悪くて買い手がいない、銀行はその物件に対して融資を断っている、建築基準法に抵触している、どれもが私たちにとって絶好のチャンスとなる！

ひとつだけ事例を紹介しよう。
私の友人が知己にしている人の話である。

あるとき、アパートビルを見つけた。
しかし、その物件は問題だらけであった。
建物が古い。敷地内にプールがあったが、コンクリートが割れていて、水が入れられない。そして、やはり入居率が低く、買っても、固定資産税などで大きな赤字になることは間違いない。

その人は、その物件を早速購入することにした。
状況は状況だから、売り手は手を離れるだけでもありがたく、非常に安く購入できた。

さあ、どうするか。

周りの地域を歩き回り、戸別訪問で住民の意見を尋ねてみた。

「今、このアパートに住んでいて、一番困っていることは何ですか？」

返ってきた答えはかなり意外なものだった。

「ペットを飼いたい。しかし、アパートの規約で飼えない」

これが一番多かった。

そして、「どういうペットを飼いたいか」と尋ねてみると、「猫を飼いたい」という返事が最も多かった。


すぐ作業に取り掛かった。

まず、このアパートの規約集を改正して、「猫を飼っていないと入居できない」という規則を設けた！

今まで、誰も聞いたことがない発想である。

各アパートの表扉に穴をぶち抜き、猫が自由に出入りできるペットドアを取り付けた。

そして、最後は、プールに砂を放り込み、「世界一大きな猫のトイレ」と称した!!!

猫を愛する人専門のマンションと題して不動産業者に紹介し、あっという間に満室となり、大きな不労所得を手に入れることができた。

このマンションをもらってあげてもいいよ

もっと安く不動産を手に入れている教え子もいる。

日本で大きなマンションビルを見つけて、状況を調べた。

すると、前のオーナーはローンが払えず、物件が銀行に差し押さえられているということがわかった。

つまり、銀行からすると、前のローンは**不良債権**になっていて、問題である。

覚えておいてください。

人の問題を解決してあげれば、それは即稼ぐ機会なのである。

その教え子が銀行を訪ねた。

「あそこのマンションがあるよね」

「はい……」

「あれはもらってやってもいいよ」

「おお、いくらなら払ってくれますか？」

「いやいや、冗談を言ってはいけないよ。もらってやってもいいと言っているのであって、お金を出すとは言っていない……」

「ええ？　どういうこと⁇」

「今までのローンの支払いを今月から再開してあげる。すると、御行の不良債権が優良債権に戻り、銀行のバランスシートの改善になる。つまり、この不良債権は今日解消できるというわけです」

「じゃ、そのローンの連帯保証人になってくれますか？」

「いやいや、またご冗談を。今でも連帯保証人がいるでしょう。僕は引き受けたところで、その人の責任は消えていないし、連帯保証人が増えたところで、銀行にとって、これというメリットはないですよ。あなたたちの問題はそこではなく、財務諸表上に不良債権が多いというのが問題のはずです。そこに集中すれば、これはいい話だとわかるはずですよ」

銀行は承諾して、そのマンションを彼に渡した。

そして彼は、入居率を改善するための努力をし、賃貸収入だけでローンの残金を払い、大きな資産を手に入れることができた。

銀行からお金を借りられない相手がありがたい

あなたは一軒家を持っているとしよう。その一軒家は、4000万円の価値があるとする。銀行ローンの残高が3000万円。あなたの持ち分は1000万円。

そして、あなたはその物件を売ろうと思っている。

そこで考えてみてください。

売ってしまったら、そこで終わってしまう。物件を探し、購入し、修理などをして、そしてこれからやっと売るところだ。一回働いて、一回の収入を得る。これではただの仕事に過ぎない。

この物件を寝ながら稼ぐネタに変える方法はあるだろうか? 一回働いて、何回も支払いを受ける方法はあるだろうか?

あなたは、銀行から融資を受け取れない買い手を探す。

そして、その人に購入金額の４０００万円を貸す！

そう、あなたの１０００万円と、銀行から借りている３０００万円を丸ごと相手に貸すのだ。


ちょっと考えてみよう。

あなたの長期ローンの金利が０・７％だとしよう。

だから年間の金利が21万円になる。

しかし、相手はローンを組む力がないので、あなたがその人に貸すお金の金利を３％に設定する。するとは年間金利が１２０万円になる！ 銀行に支払う21万円を差し引くと99万円。

すると、あなたの稼いでいる年間の利率はいくらになるだろうか？

９・９％になる！

なぜだろうか？

それは、あなたはその物件に最初から1000万円しか投資していないからだ。

こういう取引は日本でほとんど実例がないらしいが、アメリカでは、**オーナーファイナンス**といって、日常茶飯事である。

寝ながら稼ぐ方法は、想像力しか限界がない。

想像力以外の限界はない!

Airbnbの時代

自分の自宅以外の不動産を買うお金がなくても、自分の自宅そのもので寝ながら稼ぐこともできる!

その方法は様々ある。

例えば、留学生を受け入れて、**下宿**させる。

英語や海外の文化の勉強にもなるし、収入源にもなる。

あるいは、バカンスなどの不在時に、自宅を貸し出すことができる。

これは**バケーションレンタル**というもの。または、空き部屋がある場合、**ホームシェア（民宿）**も可能になる。

そして、Airbnbの時代において、インターネット経由の斡旋ができるので、とてもやりやすくなってきている。


本来、これは**旅館業法**に抵触する可能性など、様々な問題点は指摘されているが、東京オリンピックに向けて、規制緩和が急がれている模様だし、インバウンドの観光客が増える環境の中で、かなり面白みが出てくることだろう。

少額不動産投資は、こうやって実現する

不動産投資は、かなり大きな元金を必要とするという考えが一般的だろう。

または、海外などで不動産を購入しようとすると、法的規制や、うまく現地で管理できないという不安もある。

しかし、必ずしも、そこで諦める必要はない!

そこで、**不動産投資信託**（英語でreal estate investment trust=REIT）を知っておこう。これは投資家から資金を集めて、不動産に投資をし、賃貸料などの運用益を投資家に分配するというものである。

その多くは、各国の株式市場に上場もし、流動性の高い投資を少額から可能にしている。そして、そのほとんどが利益の90％以上分配する方式を取っており、定期収入を与えてくれる。

不動産の配当金というふうに考えれば理解しやすいだろう。

ＲＥＩＴの便利なところは、少額から投資が可能であること。不動産投資だから、裏にしっかりとした資産があること。配当金がちゃんと出ること。また、その不動産の国や用途はかなり自由に選べることである。

シンガポールのマンションを専門としたＲＥＩＴ。アメリカの小売店舗用の不動産を専門に扱っているＲＥＩＴ。農地を買い集めるＲＥＩＴ。様々な選択肢がある。

不動産投資信託なら、少額からでも不動産は購入できる。

借金は最大の投資!?

あるとき、経済誌の記者から質問を受けた。

「スキナー氏からみて、この市場で最も魅力的な投資は何ですか?」

私は即答した。

「**借金**だよ!」


これは意外な返事に違いない。

しかし、そのとき、政府はインフレ政策を導入しており、借金ほどインフレのヘッジになるものはない。


少し、考えてみよう。

あなたは、8000万円を借金し、4000万円の一軒家を二軒購入したとする。そこで、インフレが起きて、双方の家が8000万円の価格まで急騰したとする。

あなたは、どうするだろうか？

一軒を売り飛ばし、ローンを返済し、一軒はただでもらってしまう!!!

インフレを味方にすれば、寝ながら借金が減少していく！

実は、今の世界の経済格差をもたらしている原因というのは、**資本主義**ではなく、**不健全な金融システム**なのである。

多額な借金にアクセスできる一部の富裕層が、お金を借りて、実体価値のある不動産や会社などの資産を買収する。

次は、中央銀行や金融機関がマネーサプライを増やしながら、バブル経済を作り出す。

値上がりしたところで、売買益で、借金を返す。

金融の引き締め政策に入り、バブルが弾ける。

そして、また不動産などを安く購入できるようになる。

インフレ局面に入っている場合、インフレは借金を返済してくれる。だから、インフレの場合、借金するだけで、寝ながら稼ぐことができるのだ！

Making money while
you sleep!

第7章

持ち物のすべてが
現金の源

資産と負債の本当の違い

『金持ち父さん 貧乏父さん』の著者ロバート・キヨサキと会話していたときのことである。

この名著の教えはとても簡単なものである。「お金持ちになる人は**資産**（現金を生み出してくれるもの）を取得し、貧乏になる人は**負債**（現金を食いつぶすもの）を取得してしまう。

裕福になる人は資産（現金の流れを生み出すもの）を取得し、負債（現金の流れを食いつぶすもの）を避ける！

そこで、私はロバートに尋ねた。

「素晴らしい教えですね。まさに、現金の流れを作り出せるかどうかが裕福になるかどうかの鍵になります。しかし、そこで質問。取得したものは、資産になるのか、負債になるのか、現金を生み出すのか、毎月自分のせっかく手に入れた現金を食いつぶすのか、それを決定づけるものは何か、わかりますか？」

「わかりません！」

さすがの『金持ち父さん』の著者もこの疑問に答えられませんでした。
あなたはどうでしょうか？

車を買ったとしよう。
それは、現金の流れを生み出してくれるのだろうか？
ある人にとっては、現金の流れを生み出してくれる。
しかし、別の人にとっては、これは家計を圧迫させる無用の長物。
何が違うのだろうか？

マンションを購入したとする。
それは、現金の流れを生み出してくれるのだろうか？
ある人にとっては、大事な収入源となり、老後の支えとなる。
別の人にとっては、経費の深淵となり、いつまで経っても、お金を食い続ける。
その違いは何なのだろうか？
同じ車！
同じ家！

でも、ある人にとっては、資産となり、隣の人が買ったら負債となる。

一体どうしてなのだろう?

この違いを見分けられるかどうかが、寝ながら稼げるかどうかのひとつの要《かなめ》。

さあ、そこで教えよう。

自分のためにだけ保有するもののすべてが負債となる! しかし、他人のために持つものは、資産となり、現金の源となるのだ!!!


自分のためにだけ持つ物は負債となる!

持っているものは他人と分かち合うようにしよう!!!

働かないことは最大の美徳!?

多くの人は、「お金持ちはワガママであり、不道徳である」「お金は諸悪の根源だ」などと勘違いしている。

しかし、決してそうではない。

お金は実に美徳の源とさえいえる。

お金は美徳の源。

どうしてだろうか?


車を買ったとする。

そして、これは自分の車。自分のためのもの。だから、他人が乗ってもらっては困る。

そう思うと、保険金やメンテナンス代、燃料費、駐車料金、自動車税、車検代など、現金が出ていくばかりである。従って、この人のところにお金が集まってこない。

つまり、ワガママな考えを持った瞬間に、磁石のN極とN極が避け合うのと同じように、自分のところに入ってくるお金がすべて跳ね返される。


しかし、その車はみんなのためのものだと考えるようになれば、どうなるだろうか?

タクシー会社を経営し始める!

「どうぞ、みんな乗ってください! この車はみんなの生活を便利にするために購入しました」

すると、現金の流れを生み出し始めるではないか!!!

家はどうだろう？

「これは私の家。私が住むためにだけある」

そう思うと、どうなるだろうか？

保険金、メンテナンス代、固定資産税、管理費、修繕積立金、公共料金などのすべてが経費となり、現金がなくなる。

しかし、逆に、「この家はみんなに開放する。みんなこれで裕福になれば良い」と、そう思えばどうなるのか？

賃貸住宅やAirbnbを開始し、現金の流れが生まれるではないか!!!

つまり、美徳に適う発想は、不労所得を得るという夢を叶えてくれる。

「寝ながら稼ぐ」という言葉を聞くと、「なんと横着《おうちゃく》な！」と感じる人がいるに違いない。

しかし、これも間違いなのである。

何遍も言うように、「お金は、価値創造の結果である」。
従って、正しく稼ぐお金は道徳・美徳に適っている。

ワガママな人のところにお金は寄ってこない。

そして、自分が行動しているときのみならず、寝ているときも、その価値創造が続くようにシステム化していくことは、社会にとって最も望ましい姿なのである。

実際のところ、社会がこのような価値創造のシステムを組む人のために、最も大きな酬いを用意してくれているし、税金の優遇措置も設けている。

そして、最終的に、**永眠**したとき、あなたはこの世を去った後でも、あなたの発想でできたものが、全世界のために偉大なる価値を生み出し続けるならば、これは本望であり、最高の美徳なのでないだろうか？

そのために、世界の最も大富豪になった人のほとんどが、全財産を財団などに寄付し、自分が世を去った後でも社会のために役立てられるようにしている。

多くの人が想像しているお金持ち像から程遠い実態といえるのではないだろうか……

最終的に自分の資産のすべてが社会の役に立つようにしよう！

ロールス・ロイスを買った私の友達

あるとき、友人のひとりがロールス・ロイスを購入したいと言い出した。

しかし、保険やメンテナンスなどの費用は高く、それでは難しいと思い、私に相談してきた。

そこで、先に述べた「資産と負債」の話を説明してあげた。

彼は、早速購入に踏み切って、高級車レンタルの事業を立ち上げた。

東京だと、1日20万円程度の請求ができるので、自分は利用していないときに貸し出すようにして、費用どころか、収入源となったのである！

そして、車両価格そのものも減価償却の対象となり、節税効果を生み、さらに現金の流れを生み出す結果となった。

電力会社からまだ電気を買っているのか？

エネルギーは最も大きなビジネスのひとつである。

3人の家庭では、電気代だけでも、月額1万円を超える。

そこで、家での太陽光発電の道が開かれてくる。

ソーラーパネルを設置し、発電したエネルギーを電力会社に販売をする。

現在だと、補助金も出るし、10年くらいをメドに元が取れるだろうし、それ以降は、純利益となる。

土地が余っていれば、大型の発電設備も面白くなるだろう。

高速道路ができた日には……

日本の場合、道路がほとんど政府の持ち物であるが、そうである必要はない。

例えば、香港湾の下を通るCross-Harbour Tunnel（香港海底トンネル）というものが民間の資金で建設された！
建設以降の30年間にわたり、車が通過するたびに、「チャリン」であった！
もともと政府の土地なので、30年経ったら、所有権を政府に引き渡す契約だったが、30年間はかなりおいしいネタであった。

トンネル、高速道路、有料道路、橋、フェリー、アイディアは様々ある。

とにかく、人が通行せずにはいられない道を持ちたいものだ。

Making money while
you sleep!

第8章

印税生活への道

金額を考えるな！パーセンテージを考えよう……

ここで、もうひとつの基本原則が浮上してくる。

まとまった金額を狙うことは、「寝ながら稼ぐ」の天敵である。

まとまったお金が欲しいのではなく、お金の流れが欲しいからである。


お金が欲しいのではなく、お金の流れが欲しいのだ！

まとまったお金ではなく、続くお金が良い!!!


よくよく考えてみよう。

例えば、一生懸命に働いて、退職金ももらえて、65歳までに5000万円を貯めることができたとしよう。

大金である。

それは間違いない。

しかし、これで安心して退職できるだろうか？

毎年500万円を使って生活したいとすれば、75歳で一文無しになってしまう！　ホームレスなのだ。

欲しいのは、5000万円というまとまったお金ではなく、年間500万円という川なのだ！

いくら貯めてたとしも、**食いつぶし方式**ならば、あっという間に無くなってしまう。

食いつぶし方式では、どんな大金でもすぐに無くなる！

従って、金額ではなく、**パーセンテージ**を考えるようになる。

印税生活という言葉は、「寝ながら稼ぐ」の代名詞になっている。

そして、印税とは、簡単にいってしまえば、売上のパーセンテージを受け取る契約のことであるのだ。

当然、著作権などが一般的であるが、それ以外にも様々なものが考えられる。

私の友達で営業だけで1000億円長者になった人がいる。

その理由は簡単である。

金額ではなく、パーセンテージを考えたからだ。


素晴らしい商品を持っているが、うまくそれを売れない会社を探し出す。

そして、経営陣に話を持ちかける。

「御社の商品を売って差し上げましょう。いや、営業部隊全員がうまく売るためのシステムを作って差し上げましょう。今、営業不振なので、資金繰りがタイトだということがよくわかります。ですから給与などは要りません。そのかわりに、うまくいったときに、会社のパーセンテージをいただきたいのです」


彼はこれを繰り返し、素晴らしい企業の株を数パーセントずつ手に入れることができたのである。


若いとき、私は日本の政府に雇われて一冊の本を執筆した。

熱心に交渉して、その仕事の対価が決定された。

60万円だった。

書くのに1ヶ月くらいかかったので、私は喜んでいたが、このやり方では永遠に裕福になれはしない。

60万円というのは、素敵な金額であるが、一回限りである。

結局すぐ次を書かなければならない。


売上のパーセンテージ、利益のパーセンテージ、増加した分のパーセンテージ、結果に応じた報酬はありがたい。そして、自分が辞めた後でも続く形となれば、本望である。

金額ではなく、パーセンテージで考えよう！


大きな湖ではなく、大きな川が欲しい。

まとまったお金ではなく、収入源が欲しい。

これに尽きる。

簡単に取れる著作権入門

最も一般的な印税収入とは、**著作権**から取れるものである。

そして、この著作権というものは、最も簡単に取れる権利なのだ。

これを説明しよう。

著作権とは、作者を守る権利であり、作るという行為をもって発生するものである。

文書を書けば、自動的に著作権が発生する。

歌を作曲したり、歌ったりすれば、それだけで著作権が発生する。

演劇もまたしかり。

絵を描けば、それも著作権の対象になるし、ソフトウエアを作成すれば、それも著作権の対象になる。

写真も映像も守られる。

デザインもそうである。

ゲームも当然カバーされる。

また、セミナーなどのスピーチも著作権によって守られる。

建物の設計図にいたるまで、この権利は多岐にわたる。

そして、登録などしなくても関係ない。

作るだけで、あなたの権利が発生しているのだ！

作るだけで、著作権が発生する！

社会に本も、歌も、演劇も、絵画も、写真も、映画も、デザインも、ゲームも、セミナーや講演も、建物もあった方が良いということから、法律によりこれらの作者を保護している。

あなたの許可なくして、誰もあなたの作品を複製したり、勝手に演出したり、ラジオやテレビで放映したり、また形を変更して出したりすることはできない。

そして、誰かがあなたの著作物を利用したい場合、印税契約を締結しなければならない。

本の出版契約やレコード会社の結ぶアルバムを出すための契約などはこれに当たる。セミナー会社やインターネットのマーケティング会社の払うコンテンツ利用料もそうだし、新聞社が写真家に払う写真の利用料もまたそうである。自分の出した本の海外翻訳版やデジタル化・オーディオ化の契約もあるし、また作った映画などのテレビ放映・ＤＶＤ化・ケーブルテレビでの放映・海外の吹き替えや字幕スーパー版の制作もすべて対象になる。

パターンはいくらでもある。

しかし、そのパターンはどうあれ、寝ながら稼ぐ結果につながる。

歌は大金を生む

著作権収入は本当に面白いものである。

例えば、歌を見てみよう。


歌を歌う人はよく目につくが、この人はコンサートをしたり、ツアーに出かけたり、いっぱい働いている。

しかし、歌を書く人は、純粋に不労所得である。

CDの売上、ダウンロード、ラジオの放送、テレビへのライセンス、映画での利用、広告における使用、すべてが対象になる！


例えば、アメリカの場合、歌を販売するとき（CDでもダウンロードでも）、レコード会社が作詞家に0・091ドルを支払うことになっている。これは収入源その一になる。

ラジオやテレビ、レストランやバーで曲が流れるとき、これは収入源その二。これを受け取るために、日本の場合、一般社団法人日本音楽著作権協会JASRACに登録しておく必要がある。協会が受け取る収入がすべての作詞家・作曲家に分けられる。

テレビやゲームなどにおける使用が収入源その三。これは個別に交渉することになる。

そこで、あなたは思うことだろう。

「私に、そんなものを書く才能はない。難しすぎる！」

しかし、本当にそうだろうか？

かの有名な「Happy Birthday To You」の4語が、２０１５年までに著作権の対象とされ、著作者へ50億円以上もの印税が支払われた！

特許で20年間も

著作権以外にも様々な**知的所有権**があり、そのいずれも寝ながら稼ぐ機会になり得る。

そのひとつは、**特許**である。

昔から、人間は様々な創意工夫によって、社会を発達させてきた。

しかし、多くの努力を払い、思考を凝らし、費用も負担し、やっとの思いで打ち出せた発明が、簡単に他の人や企業に横取りされたのでは、その努力を払う甲斐がない。それなら、他の人が良い発明をするのを待ち、ハイエナのようにそれを盗む方が得にみえる。

また、発明をした人は、その中身・仕組み・構造を他の人に明かさず、まるで昔の魔法使いが呪文を秘密扱いにしていたのと同じように、発明の中身を秘密裏にし、人に説明しようともせず、その発明をした人が世を去ると同時に、大切な知識が失われる。

このような事態を防ぎ、人や企業が社会の役に立つ多くの発明を生み出すことを奨励するために、特許制度が出来上がった。

特許制度はイノベーションを促進し、また発明の開示を促す大切な制度である!

これによれば、一定の条件を満たす発明については、出願をした日から**20年間**にわたり、その発明の中身を利用する**独占権**を保障してくれる。

そして、その発明の中身を利用しようとする人や企業がいれば、**ライセンス契約**を結び、**特許利用料**を支払うことになり、従って、20年先まで寝ながら稼ぐことになる！

しかも、条件は意外とシンプル。

まず、**新規性**があること。つまり、今まで一般的に利用されているものや他人が先に特許出願しているものは対象にはならない。

ここで注意事項がある。自らの発明であっても、先に商品などに導入したり、論文に書いたり、ネット上で公開したりしてしまえば、特許が取れなくなるということである。特許は、発明をし、その中身を開示してもらうための制度であるから、すでに公開しているものに特許を与える必要はないと考えられるからだ。

特許制度は、新技術の開示を目的としているから、先に開示してしまえば、特許は取れなくなる。

次に、**産業上で利用可能**であること。

明らかに実現不可能なアイディアや個人のみが利用するもの、商品化したり・販売したりする可能性のないものは、対象外になる。

3つ目は、**容易に考え出すことができない**ものであること。

他の発明の簡単な組み合わせや簡単な変更を加えるだけのものは、特許にはならない。あくまでも、それなりの創意工夫を促し、科学技術の発展に貢献し、産業の成長を支える制度であるから、これは容易に納得できる。

そして、最後は、**反社会的なものでないこと**。

特に法律を破るための道具などは、これに当たる。

この4つの条件を満たす発明であり、あなたが他の発明家よりも早く出願すれば、特許権が与えられることになる。

特許の条件

❶ 新規性があること
❷ 産業上利用可能であること

❸　容易に考え出すことができないものであること
❹　反社会的なものではないこと

良い発明があれば、まずは**弁理士**の先生に相談しよう！

登録商標も大事

消費者は常に優良な商品やサービスを求め、ずさんなものを避けようとする。そして、企業は創意工夫を凝らし、改善を図り、その努力の結果、消費者の信頼を勝ち取り、競合に打ち勝つ。

しかし、二流の企業が簡単に自分の商品やサービスを一流どころのものに見立てて、顧客を騙すことができれば、どうなるだろうか？

これを防ぐためにできたのが、**登録商標**の制度である。

マクドナルドのゴールデンアーチやナイキのスウッシュなどの**ロゴマーク**、コカ・コーラの**商品名**とその**文字**、三井や住友や日立などの**企業名**、ミッキーマウスやＬＩＮＥのブラウンなどの**キャラクター**、Facebookなどの**サイト名**、これらは顧客によって一瞬にして認識され、信頼されるだろう。

そこで、当然ながら、他の企業は同一のロゴ・商品名・企業名・キャラクターの**デザイン**や**名前**などを利用してはならない。

そして、その権利を保障してくれるのが登録商標。

登録商標は、消費者の混乱を防ぐためのものである。
これがあることにより、本物であるかどうかは、一目でわかるようになる。

登録商標の取得はまた簡単である。

自分の商品やサービスを他と区別させるために利用しているマークや文字を特許庁に出し、すでに同等なもの、あるいは、それに著しく似ているものを登録している他者がいないかどうかを審査してもらい、いないとなれば、それで登録料を払えば、権利が成立する。

（＊簡単に商品が何であるのかを説明するだけのものは対象外である。例えば、日本のお米、走るための靴など。また動詞として利用されるものも対象外。あくまで、物やサービスの名前でなければならない。）

しかし、ここでも留意すべき点がある。

この登録商標は、所詮、消費者の混乱を防ぐための制度であるから、そのロゴや商品名は、どのような商品やサービスに利用する予定であるのかという**区分**も同時に届け出る必要があるということだ。

例えば、服の商品名として「ゴールドテレフォン」という商品名を届け出て、商標を登録したとする。それだからといって、他社が「ゴールドテレフォン」という名の電話相談サービスを出してはいけないということにはならない。

この場合、先方のサービスと自社の商品は市場の中で混乱される恐れがないからだ。

そこで、一度**有名ブランド**という位置付けまでいけば、区分と関係なく保護されることになる。ソフトバンク、ロールス・ロイス、ロレックスなどは、あまりにも有名なので、他の区分の商品であったとしても、消費者の間では、その企業が出したものだと思い込んでしまうから、これはやはり**不当競争**と呼ぶしかないのだろう。

登録商標も独占的に利用する権利であるから、これもライセンス契約の対象になる。

例えば、あの有名なウォルト・ディズニー・カンパニーが、これを大きな収入源にしている。

一日中、ミッキーマウスやくまのプーさんのライセンス契約を締結しまくり、それから弁当箱・ぬいぐるみ・パジャマ・Tシャツ・鉛筆など、様々なものにそのキャラクター名などを利用してもらい、年がら年中その利用料を徴収している。


そして、あなたも一度良い評判を勝ち取り、みんなに馴染《なじ》める商品名を確立できれば、その形や名前を他の素晴らしい商品などにライセンスし、寝ながら稼ぐ収入を得られる。

URLだけでもあり？

時代に合わせて、新しい知的所有権の形が現れる。

例えば、インターネットの登場によって、インターネット上の住所に当たるURLが誕生した。

URLをネットで登録し、他者がそのURLを利用したい場合、これもライセンスできる。

しかし、そのURLは他者の登録商標に抵触した場合、URLがその人のものにされる可能性がある。あくまでも品良く、行儀良くしよう。

寝ながら稼ぐ道は想像力以外の限界はない！

Making money while
you sleep!

第9章

広告塔になろう!

注目さえされれば、あなたも媒体者

テレビ局やGoogleやFacebookの何がすごいのか？

それは、毎日見る人がいっぱいいるということである。

そして、見てくれる人がいれば、それは即**広告収入**が生まれるというわけだ！

見てくれる人がいれば、広告収入が入ってくる！

日本の国内総生産のうち、１・25％程度が広告費に使われる。

そう、経済の１００分の１以上が広告であり、インターネットの広告だけでも、年間１兆円以上にもなる。


人の購買パターンは昔と大きく変わってきている。

昭和時代ならば、フジテレビ、日本テレビ、ＴＢＳ、テレビ朝日、読売テレビ、テレビ東京やテレビ大阪で広告を放映し、日経新聞、読売新聞、朝日新聞、毎日新聞、中日新聞に広告を掲載しさえすれば、即消費者にメッセージが届き、そして店などで物は売れていった。

あるいは、直接営業部隊を作り、企業などにアプローチをかけ、それだけで商売が成り立った。


しかし、今は違う。

今となっては人のニーズが**多様化**し、ネット検索などにより、自分の**ニーズや思考にぴったりなもの**を簡単に探し出せるようになった。

様々な媒体も新しく誕生し、BSや地上デジタルテレビ放送などが生まれ、テレビだけでも100チャンネル以上に上っているし、テレビよりもYouTubeなどで一日を過ごす人もいる。また、新聞を読まない人が増える一方で、インターネットのニュースサイトを見たり、アプリでニュースにアクセスしたり、またはニュースをほぼ無視し、Facebookやブログを主たる情報源にする人は決して少なくない。

そして、店に足を運ばず、Amazonや楽天で買い物したり、営業マンに会わず、ネットで買い物を済ます企業の担当者も珍しくない。


つまり、広告を出す場所は、まさしく何万とあり、企業がその人にぴったりな広告を、その人にぴったりの媒体で打たない限り、話にならない。

その人にぴったりなものをぴったりな媒体で売らなければ話にならない！

そして、これがあなたにとっての大きな機会なのだ！

昔は、企業は一般大衆に広くアクセスできるテレビや新聞、週刊誌などの媒体にしか興味を示さなかったが、今は、小さな媒体でも、ピンポイントで人にアクセスできるものなら、喜んで広告を載せ、媒体費用を払う。

これこそ、現代風の寝ながら稼ぐ戦略になる。

小さな市場に深くアクセスしていれば、企業が喜んでその媒体を買ってくれる。

ブログを書かなくちゃ

知識の深い分野があったり、特技があったり、人の興味を引く話ができたり、面白い形態の生活をしていたり、いろいろ旅をしたり、趣味があったりすれば、このいずれもブログにまとめ、人に配信することができる。そして、それは不労所得になるというわけだ！

まずは、ブログを作り、書き始めよう。

ＦＣ２・Ameba・はてなブログ・Seesaaなど、様々な選択肢があるので、まずは比較して、自分の使いやすいところを探そう。

それから、良い記事を投稿しよう。

「**とにかく面白い、とにかく人の役に立つ！**」この言葉を大きく紙に書いて、壁に貼り付けよう。

人を楽しませるもの、人の役に立つもの以外では、稼げないからである。

とにかく面白い！　とにかく人の役に立つ！
これがキーワード。

そして、注目を集めよう。

FacebookやInstagramなどのＳＮＳで自分のブログを紹介し、人に見てもらおう。

本当に良いものであれば、そこから口コミ・いいね！・シェアなどが期待できる。しかし、それでも、こまめにSNSでアピールを続けようね。

SNSなどでこまめににアピールしよう。

＊私のFacebookもフォローしてね！ facebook.com/james.manabi

ここまでくれば、あなたも**媒体者**になれる。

人の目を集めるところまでやってきた。

後は、**収益化**のみである。


どうすればいいのか？

簡単にいえば、方法はふたつある。


ひとつ目は、**広告収入**。

Google AdSenseなどの**アドネットワーク**に登録し、自分のブログに広告を載せる。

すると人が広告をクリックすると、「チャリン！」。

そう、あなたは寝ながら稼ぐ。

もうひとつの方法は、A8.Netなどの**アフィリエイト・サービス・プロバイダー（ＡＳＰ）**に登録し、実際にブログで様々な商品を紹介し、推薦し、その商品を買ってもらう。すると、あなたのところに、そう、「チャリン！」と、お金が入ってくる。

ＰＰＣ（ペイ・パー・クリック、つまり、広告をクリックすると広告費が発生する仕組み）との違いは、**成功報酬**であるということ。実際に売れたときに儲かるので、ブログ広告の**カスタマイズ**を選択し、自分が本当にお勧めしたい商品を選び、広告を載せ、ブログでその商品について語ることが大切になる。

しかし、このぐらいマメにしておけば、収入はそれなりに期待できる。

広告収入とアフィリエイト収入の両方を考えよう！

YouTubeで稼ごう……

YouTubeやUstreamは先に紹介したブログと似ている。

面白い映像、人の役に立つ映像を制作したり、撮ったり、流したりすることができれば、人の目が集まる。

そして、人の目＝お金なのだ！

YouTubeやUstreamで早速アカウントを作り、チャンネルで収益受け取りを有効にする**収益化**をオンにしよう。そして、またAdSenseに登録して広告を載せる。

それぞれに、収益化が可能な動画の種類や広告のフォーマットの選択があるので、詳しくはそのサイトで確認しよう。

ここで忘れてはならないことは、こまめにSNSでアピールを続けること、そして、「とにかく面白い、とにかく人の役に立つ！」この言葉を大きく紙に書いて、壁に貼り付けることなのだ。

服を着るだけで……

有名人の仕事とは、有名人であること！

なぜなら、有名人は常に人の目を集め、注目され、そして、注目される場面はすべて広告を載せるチャンスであるのだ。

有名人の仕事は、有名であること！

『GOLF TODAY』誌などによると、タイガー・ウッズがナイキのスウッシュを身につけて、ナイキを推薦することで、わずか5年間にわたって100億円もの収入を受け取っている。

NBAのバスケットボール選手レブロン・ジェームズの推奨契約が1000億円を上回ると噂されている。

ウエアーを着たり、服に名前を載せたりするだけだから、爆睡しながら稼ぐことになろう。

また、服以外でも、そのメーカーの商品を使ったりするのも収入になる。

まあ、有名税は確かにあるが（笑）……

看板が凄い！

貸し看板は最高の寝ながら稼ぐ戦略のひとつなのだろう。

基幹道路の横に住んでいるだけで、お金になる。

広告代理店がスペースを購入し、毎月お金を振り込んでくれる。

広告主を探すのも、デザインをするのも、張り替えるのも、メンテナンスをするのも、すべてが先方の作業。

こちらは**振込確認業**のみである。

覚えておこう。

人の目が集まるところはすべて黄金《おうごん》なのだ。

広告媒体の制限は、想像力だけである。

人の目が集まるところはすべて金山となる！

映画を撮影するとき、人の目を集めているから、映画も広告媒体。中に登場する車も、主人公の服装も、子供が朝食のシーンで食べるものも、これはすべてお金がもらえるチャンスなのだ！

タクシーやUberを運転していれば、人の目を集めている。だから、車内に広告を載せれば、これもお金をもらえるチャンスなのだ！

レストランを経営していれば、人の目を集めている。店の壁も、メニューも、すべてお金をもらえるチャンスなのだ！

そして、この副収入もやはり寝ながら稼ぐ所得になる。

本業にちなんで、広告収入を受け取る方法を考えよう！

スポンサーを探そう……

普段の活動をするだけで、余分なお金をもらうというのは、すべて寝ながら稼ぐ発想の内。

イベントを開催するのも、コンサートを開くのも、ネットに投稿するのも、スポーツをするのも、何をするにしても、スポンサーを探そう。

イベントもすべて広告を出すチャンスである！

スポンサーになってくれる会社や商品は、良い活動と連想されることで、ベネフィットを受け取り、こちらは副収入を受け取る。

とにかく、良いものを探し、良いものを推薦しよう。

そうすると、普段の生活を送るだけで、お金になるではないか。

今日から、周りを敏感に観察し始めよう。

スポンサーのついているものはどのぐらいあるだろうか?


些細なものも含めて、見てみることにしよう。

例えば、本屋は、買い物袋を買う必要がない。

出版社などの広告スペースにし、無料でその袋をもらうことができるからである。


コンサートに行くと、他のコンサートの案内から、企業のスポンサーの広告など、多くの広告を目にし、また手にすることになる。

スポーツイベントに行くと、各選手はスポンサーがついているし、またチームにも、その試合にもスポンサーがいる。


地元のNBAプロバスケットボールの試合をよく観に行くが、ボールをアリーナに届ける作業にまでスポンサーがついている。テレビで観るとき、今宵のベストダンクにまで、いちいちスポンサーをつけている。インスタントリプレイのスポンサーもいる。

ここまで細かくやっているから、現在NBAのチームを購入しようと思えば、約1500億~4000億円が相場になる!!!

人のことを良く言うところうなる

右記の「服を着るだけで……」でも触れてはいるが、企業や商品のことをよく言うだけでお金がもらえる世界もある。

ひとつの分野で信頼されるようになれば、あなたの意見は貴重になる。
だから、企業などがその意見を積極的に言ってもらえるように、喜んで報酬を支払う。
また、あなたの名前をその商品の宣伝に利用する、いわゆる**名前貸し**も収入を生む。

ブログでコメントをする、**推薦文**を寄せる、イベントで紹介をする、バリエーションにきりがない。

人を人に**紹介**するだけで、立派にお金持ちとして暮らしている知人もいる。

ほとんどの人は、人や会社の悪口ばかり言っている。

これは貧困への道。

人・企業・商品を褒めるようにしよう。

褒めるべき物を探し、褒めるべき人と接し、みんなにとってプラスになることを言おう。

そうすれば、お金が自然と集まるに違いない。


人のことを良く言おう！

悪口は収入源にならないからである。

国税局が商売をやり始めた日

シンガポールで生活をしていたとき、衝撃を受けることがたくさんあった。

そのひとつは、政府の貪欲というほどの商魂のたくましさであった。


国税局から、確定申告の書類が届いたとき、封筒の中に様々な企業や商品の案内が入っているではないか！

しかし、よく考えてみれば、これは近代的商売の当たり前ともいえる。

国税局は究極の顧客リストを持っている。

所得の金額も知っているし、商売の中身も知っている。

個人情報の究極版。

そこで、リストを企業に渡すわけにはいかないが、広告を送付してあげることができる。

そして、そのために、多額なフィーを受け取ることができる。


生前、松下幸之助が**無税国家論**を訴えていた。

つまり、国が企業の発想を持ち、資産を活かし始めれば、国民から税金を徴収するどころか、国民に配当金を払うことができるはずだということである。

シンガポールの税金が、日本の半額以下になっているのもこのためなのだろう。

アメリカのアラスカ州になると、実際に州民に配当金を払っている!

「寝ながら稼ぐ」は、何と素晴らしいことなのだろう!!!


国もこの発想になれば、税金は要らない!!!

Making money while
you sleep!

第10章

SNSとインターネットの時代

Facebookのページは持っているよね⁉

ＳＮＳやインターネットの時代が、新しい寝ながら稼ぐ方法をたくさん作ってくれた。

今までみてきたYouTubeやUstream、ブログ、ＵＲＬ貸しなどがそうである。

しかし、まだまだたくさんある！


例えば、自分のFacebookのページもそうである。

いろいろなアフィリエイトプログラムに登録することで、自分の普段の投稿も、収入源に切り替えられる。

例えば、Amazonなどに登録しておく。良い本を読めば、その本を自分のFacebookページで紹介をする。投稿にそのリンクを貼って、それをクリックしてその本を買う友達がいれば、その本の売上の一部があなたの収入になる。


iTunesも同じように使える。

好きな音楽を紹介するだけでお金になる。

ここでAmazonが出たから、電子ブックの話もしておこう。

自分で本を書き、Kindleのプラットホームで出版できる。

Amazonで売れると、もちろん印税も入るが、これを自分のFacebookのページやブログなどで紹介すると、印税＋アフィリエイト手数料で、二重に稼げる！

出会い系サイトで80億円を稼いだ面白い男

私の友達で超大金持ちがいる。

彼は、インターネットが普及し始めた頃に出会い系サイトを立ち上げた。

会員が登録し、毎月利用料がクレジットカードで自動課金される。

一旦システムを立ち上げれば、毎月お金が入ってくる。

そして、サイトを売却し、80億円もの売却益を受け取った！

やはり、他の企業も寝ながら稼ぐ方法が欲しいのだ!!!


ここで興味深いことがある。

彼が言うには、「ジェームス、私はオリジナルなアイディアを持ったことはない。今からも持つ予定なし」。

そう、彼は出会い系サイトを発案した人ではない。

他の人の寝ながら稼ぐ方法を見て、「いいね！」と思い、自分も実施したまでのことである。


大きく稼ぐためには、オリジナルのアイディアがなくても良い！

40万件のダウンロードをこのように

もうひとりの友達を紹介しよう。

この友達は運動**オタク**である。

元はといえば、アメリカ空軍特殊部隊のインストラクターで、特殊部隊が利用しているフィットネス・プログラムを作成した人間である。

彼もかなりの不労所得を受け取り、悠々と暮らしている。

その主な収入源は、有料アプリのダウンロード。

優れた運動プログラムをすべてアプリ化し、世界中で販売している。

そして、その数が今までで40万件を超える。

App Storeなどがある時代に生きていられてありがたい。


また、面白いことに、そのアプリは自分で制作していない。アプリ制作の会社と提携し、自分のコンテンツを提供しているだけである。それぞれの運動種目を彼が実施しているのを撮影し、アプリ制作会社がそれを商品化してくれている。

本やDVDもAmazonで出版し、その売上も受け取っている。

iTunesとAmazonがあなたを自由にする

昔は、レコードを出したり、本を出したりするために、レコード会社や出版社と契約する必要があった。

しかし、今は違う。

今なら、iTunesやAmazonなどで、簡単に自分で発売できる。

コストもかからない。
人に注目されるほどのいいものが作成できれば、それでいいのだ。

本当に自由になった!
いくらでも寝ながら稼ぐネタがある。
早速、コンテンツを作成して、アップしてみよう。

そして、悠々と暮らせるようになるまで、中身を磨き、紹介方法を改善していこう。

ネットオークションの正しい使い方

ヤフーオークションやeBayのある時代もありがたい。
何でもすぐ見つかるし、自分の家にある古いものを捨てないで、現金に換えることができる。

しかし、使い方はそれだけではない。
簡単に店を出す方法でもある。

一回のみ販売するものよりも、何回も販売できるものを見つけたい。

海外から仕入れるのもひとつの手なのだろう。海外だと、日本で入手がやや困難なものもあるので、人気が出ることがある。

そして、ネットオークションのサイトにアップして、何回も販売していけば、これは寝ながら稼ぐことになる。

ネットオークションのサイト以外にも、Amazonや楽天を忘れてはならない。

実際の店舗と違って、**ネット店舗**の場合、何ヶ所に出店しても、さしたるお金がかかるわけではないから……

中古品の販売を業として行なう場合、**古物商許可証**の取得が必要になる場合があるので、ご注意。ただし、自ら海外から輸入して再販する場合、古物商許可証は不要になるので、これも海外から仕入れるメリットのひとつといえる。

Making money while
you sleep!

第11章

忍者が儲かるその理由

月謝はお金の洪水

私の友達に忍者がいる。

これは本物である。

本物の忍者がいると聞くと、驚く人は多いが、まあ、存在を隠すのも忍者だから、不思議はない（笑）。


この忍者というのは、実をいうと、非常に儲かる。

長者番付が発表されていた頃、いつも名前が載っていた。

なぜだろうか？

それはさすがに忍者、寝ながら稼ぐ方法を確立しているからである。


一時期、忍者は後一人を残すというところまで人数が減ったことがあった。

固く門を閉じ、部外者に見せない世界だった。

しかし、忍者というものは、もともと自由が売り。

技が自由。発想が自由。

そこで、今の宗家が門戸を開き、海外からも弟子を取ることにした。
そして、今となっては、1万人以上もの弟子がいる。
現代の日本人はあまり忍術に興味がないので、弟子のほとんどが外国人。
そう、今となっては、忍者のほとんどが外国人なのだ！

しかし、忍者は一体どのように儲かるというのだろうか？
それは寝ながら稼ぐに限る！

1万人の弟子から月謝をもらってごらん！　お金の洪水以外の何物でもない。
本も書く。
DVDも売る。
すべてが、寝ながら稼ぐ道なのだ。

家元制度は儲かるものである！

免許料もありがたい

月謝もありがたいが、**免許料**もありがたい！

武道は、通常だと、10級からスタートして、型を覚えたり、技を取得したりするにつれて、9級・8級・7級と上がっていく。1級の次は初段になり、それから二段・三段・四段と昇っていく。それで、十段が最高になり、宗家のみに許される。九段も普通だとひとり。八段は世界で数名。と、このように道が狭くなっていく。

しかし、忍者になると、発想は自由！

十六段まで作り、年数が延びていくにつれて、何回も弟子たちから免許料を取る。

免許には、ランクをつけよう！

何遍も言うように、寝ながら稼ぐ方法は、想像力のみが限界なのだ。

資格を取るよりも資格を作る

ほとんどのOLやサラリーマンは、**資格**を取ることに必死である。

少しでも、自分の立場や収入を改善しようとする。

しかし、寝ながら稼ぐ人というのは、自分の資格はさることながら、人に資格を付与したりする。人の稼ぎや人生を応援すればするほどにお金が入ってくることは正しい原則である。

資格の大元になれば、**教材**、**資格試験**（オンラインが主流になってきていている）、**認定料**、資格の**更新料**、更新するための勉強や教材など、ひとつの資格は、複数のお金の流れになる。

そして、本当に良いものを作れば、大いに社会のために役立つ。

資格と聞くと、国家資格ばかりをイメージしがちであるが、国家資格は全体の中のほんの一握りでしかない。

業界団体がかなりの割合を占めるし、企業などが発行する資格も決して少なくない。

また、個人に対して発行する資格だけではない。
企業を認定する制度も活発である。
ネット取引の信頼を保証する制度や**品質を保証するマーク**など、数多くある。
発想さえ持てば、いくらでも広がるだろう。

Making money while
you sleep!

第12章
ネットワーク・マーケティングは嫌なもの？ 最高のもの？

ネットワーク・マーケティングは業種ではない！

賛否両論はあるが、**ネットワーク・マーケティング**（いわゆる**連鎖販売**）は寝ながら稼ぐ方法のひとつであることは間違いない。ここで大切なことは、ネットワーク・マーケティングを正しく理解することである。そして、そこでまず申し上げたいことは、ネットワーク・マーケティングという業界は存在しないということである！

ネットワーク・マーケティングという業界があるとするならば、営業部隊を抱えるという業界もないといけない。ネットショップという業界がないといけない。カタログ販売という業界がないといけないし、また顧客紹介という業界がないといけないのである。

ネットワーク・マーケティングは、業界ではなく、販売形態であるのだ。

ネットワーク・マーケティングは業種ではなく、販売形態である。

商品の特性によって、簡単に店先の棚におくだけで売れるものがある。

インターネットで案内を出し、キーワードで検索してもらい、それで購入してもらえるものもある。

しかし、そうではなくて、人間関係を作り、丁寧に説明をし、そして導入の段階においてフォローを必要とするようなものもある。

そして、そうなった場合、当然ながら、直接販売・営業が必要になる。

営業マンに支払いをする形態は様々ある。

毎月給与を支払うという方法もあれば、フルコミッションで、営業実績に合わせて支払うという考え方もある。

ネットワーク・マーケティングは、このフルコミッションに近い。しかし、**ディストリビューター**として商品の売上のパーセンテージをもらうだけでなく、顧客が商品のファンになり、その商品を自ら販売し始めた場合、その顧客の売上のパーセンテージも紹介・教育・応援の手数料として支払われる。

つまり、ネットワーク・マーケティングの販売形態においては、営業の仕事と他の営業マンの**リクルーティング**ないし**教育**という仕事があり、両方に対して収入を得ることができるということである。

そして、この両方とも寝ながら稼ぐことになり得るのだ！

定期購入がミソ

営業の仕事はどのようにして寝ながら稼ぐことになるのか？

それは、顧客が**定期購入**をするようになるケースである。

そして、ほとんどのネットワーク・マーケティングを導入している企業が、そのような定期発送をする商品を取り扱っていることにひとつの特徴がある。


栄養剤のサプリメントや化粧品などが良い例になるだろう。

毎日使う物であれば、毎月補給が必要になる。

すると、定期購入の契約を結び、毎月会社から出荷してもらうとなれば、毎月営業マンはコミッションを受け取ることができる。それまでの話なのだ。


そして、**ダウンライン**（自分がリクルーティングした販売員）が活動を続ける限り、彼らの毎月の売上に対してもコミッションを受け取ることになる。寝ながら稼ぐ契約形態なのだ！

会社の選び方を心せよ……

しかし、ここでもう一度思い出してみてほしい。
ネットワーク・マーケティングという業界はない。
これはあくまでも販売形態であり、契約形態であり、報酬形態に過ぎない。
従って、一概に良いとも悪いともいえない。
会社と商品によりけりなのである。

会社はしっかりしていて、資本力もあり、商品開発力もあり、また市場における信頼があれば、これは成功する。
しかし、資本力が乏しく、商品開発の力もなく、市場における信頼がないとなれば、どんなにこちらがディストリビューターとして頑張ったところで、うまくはいかない。

しっかりした会社を選ばないといけない。

どのような商売形態であれ、顧客が購入するのは、**商品**と**サービス**である。
これも忘れてはいけない。

ネットワーク・マーケティングの販売形態は、企業にとって販売コストが大きい。直接販売だから、避けられない事実である。

簡単に売れる商品ならば、店を開き、またはインターネット上で販売すれば良い。それなら、販売コストは安く済ませることができるだろう。

ネットワーク・マーケティングの場合、販売コストが高い分、利益率の高い商品でないと間に合わない。

かといって、顧客が高いバリューを感じないと、売上が伸びない。従って、ネットワーク・マーケティングの販売形態が成功するためには、商品がピカイチ素晴らしいものでなければならないのだ。

真心より商品を信じることができなければ、販売員として働いても意味がない。人生はお金だけではない。ウォーレン・バフェットの言葉を借りて言うならば、「毎日スキップしながら仕事に向かわないといけない」。

真心より自慢できる商品でなければ、売ってはならない！

しかし、商品が素晴らしくて、バリューが高く、会社もしっかりとした信頼のあるところであるならば、ネットワーク・マーケティングが普通の人に寝ながら稼ぐ良い機会を与えてくれる。

そして、スタートするために資本は特に要らないので、なおありがたい。

ダウンラインの教育とモチベーションが物を言う

私は、長年にわたり、多くのネットワーク・マーケッターを指導してきた。または、そのような販売形態を導入している企業のコンベンションなどで講演してきたのである。

その中で学んだことは簡単である。

成功するネットワーク・マーケッターというのは、常に自分のダウンラインの教育を行ない、サポートをし、その成功を真心をもって支援している人であるのだ。

自分の利益や稼ぎを第一に考えている人でうまくいっている人を見たことがない。

人の成功を応援してこそ、自分の成功がある！

ネットワーク・マーケティングが多くのファンを集めてきた理由はお金だけではない。プラスのエネルギーに接する機会、教育を受ける機会、素晴らしいアップライン（先輩）の方々の魅力、コンベンションの活気、こういう要素が実は大切なのである。それがあってこそ、ダウンラインが活発に行動してくれる。

この言葉を覚えておいてもらいたい。

活動をするから、活発になる。


従って、定期的な集会、教育機会、コンベンションの参加、表彰式、その人の成果のお祝い、こういうことをマメにやるリーダーにならなければならない。

これはネットワーク・マーケティングの成功の秘訣であり、他の営業部隊の成功の秘訣でもある。それがあるから、『金持ち父さん 貧乏父さん』の著者ロバート・キヨサキが、ネットワーク・マーケティングが起業するための良い準備になると教えている。

活動をするからこそ、活発になる。

本当に永続するのか？

ネットワーク・マーケティングをやり、大きなダウンラインを築き、大きな不労所得を獲得したら、それは永続してほしいと願うことだろう。

しかし、その保証はない。

会社にも、商品にもライフサイクルがあり、伸びる時期もあれば、衰退していく時期もある。

長年続く会社や商品ももちろんある。

寿命が短いのもある。

そういうことをあまり心配もせず、やっている間は、大きく伸ばすように努め、そしてそれで得られた収入を元に次の川を掘ればいいのだ。

Making money while you sleep!

第13章

世界に広がるフランチャイズとライセンス契約

うまいドーナッツは国内よりも海外へ

ほとんどの億万長者は、起業することにより、そうなるのである。

そこで、起業と「寝ながら稼ぐ」をもう少し深く結び付けていこう。


あなたが会社を立ち上げたとする。

そして、いよいようまくいき始める。

良い商品を持ち、売り方を確立し、ノウハウも出来上がってくる。

さあ、どうするだろうか?


ほとんどの人は、事業拡大を考えるだろう。

従業員を増やし、店舗数を伸ばし、他の街や国に進出していく。

しかし、それでは、資本力が問われるし、固定費も増え、収支が圧迫し、仕事が忙しくなる一方ではないか。


もっと良い方法があるはずである。

私の地元ポートランド市では、世界一美味しいドーナツ屋が誕生した。フランスのブリオッシュのレシピを元に、店員が毎朝4時に出社し、仕込みをする。そして、売り切れたとき、閉店をする。

なかなか大変な仕事だけど、やはり美味しいので、お客様は喜ぶし、毎日売り切れるからやり甲斐があるのだろう。

店は儲かるので、隣の街などで、新しい店舗の出店などはすぐに考えるだろう。

しかし、このブルースタードーナツは、そうしなかった。

次は海外に出したのである！

そう**フランチャイズ**というやり方なのだ。

自分で次の店舗を作るより、フランチャイズして他人に作ってもらった方が良い！

フランチャイズとは、自分のブランド、名前、レシピ、やり方、ノウハウなどのすべてを他者にライセンスして、その人たちにビジネスをやってもらうことである。そして、**フ**

ランチャイズ料金として、契約金および売上のパーセンテージをもらうというわけなのだ。

毎日の仕事は先方がする。
あなたは寝ながら稼ぐ。

自分のためにだけ持つものはすべて負債となる。
人と分かち合うものは資産となり、現金の流れを生み出す。
この原則はやはり正しい。
そして、ブランドやノウハウにも適用される。

72ヶ国に広まった

私は以前にコヴィー・リーダーシップ・センター・ジャパンの代表者を務めていた。しかし、コヴィー・リーダーシップ・センター・ジャパンという会社はなかった。これは、アメリカのコヴィー・リーダーシップ・センター社との**ライセンス契約**だった。

先方のノウハウを導入し、コンテンツを利用し、名前も活かし、日本で商売をするというもの。

そして、売上のパーセンテージを毎月先方の本社に送金をする。

コヴィー博士は「7つの習慣」という素晴らしいコンテンツを作り、セミナーも制作し、本がベストセラーになるということで、ブランドが確立し始めた。

そのとき、博士は**欠乏マインド**で、「すべて自分のために取っておこう。自分たちで広げよう」と考えなかった。

それよりも、**豊かさマインド**で「他の人にもこの素晴らしい機会を分かち合おう。彼らに働いてもらおう。彼らの知恵も借りよう」と考えた。

そして、海外におけるライセンス契約を締結し始めた。

ものの数年間で、世界72ヶ国にも広まり、気がついたら、上場企業にまで発展していったのである。

豊かさマインドを持てば、人に与えても減らない！

人と人をつなげるだけで

でもちょっと待ってください。

「私はそんな素晴らしいビジネスを作っていないし、そんなにマメに商売をする気はない！」と、そう思う人もいるだろう。

それでも、このフランチャイズとライセンスの世界は道を開いてくれる。

人と人をつなげるだけでいいのだ。

例えば、出版の世界で、**ブックエージェント**という仕事がある。

海外などに行き、出版社との**エージェント契約**を結ぶ。これは、その出版社の出している書籍（例えば、『7つの習慣』とか、『ハリー・ポッター』とか）を海外で出してくれる出版社を探し、先方と契約を締結する権利を意味する。

次は海外に行き、その素晴らしい書籍を出したいという出版社を探し、契約を結び、そして永久にその本の売上の一部があなたのものになる！

このエージェントの仕事は様々な形を取る。

海外のメーカーと、先方の商品を**輸入する独占契約**を結び、日本で流通してくれる会社を探し、両者を結び付けることで手数料を取る。

マスターフランチャイジーの契約を結び、次は様々な人や会社とフランチャイズの契約を締結し、間に立って手数料を取る（マクドナルドの創立者レイ・クロックはこの形態でスタートした！）。

いくらでもバリエーションがある。

海を越えるところに機会が多数あり！

ただで配れば、世界一の大富豪に

とにかく欠乏マインドになってはいけない。

自分のノウハウを人にあげる。

分かち合う。

ライセンスをする。

これに限る。

ビル・ゲイツもこの発想で世界一の大富豪になった。

MS－DOSというコンピューターのオペレーティング・システムを世界各国のコンピューターメーカーにライセンスをし、最初からパソコンにインストールしてもらった。ライセンスをただ同然で付与することで、何と、MS－DOSの初期価格は、9万5000ドル。この価格さえ払えば、メーカーは何回コピーしてパソコンにインストールしてもいいというライセンスだった。そして、一時期導入を促すために、その価格を半額に落とした！

これを受けて、1年間で70社ものコンピューターメーカーがMS－DOSを導入し、MS－DOSが世界一の**マーケットシェア**を誇るようになった。

そして、マイクロソフト社はユーザーが**アップグレード**をするたびにユーザーからのフィーを徴収する。

また、1992年頃、「CPUひとつ当たりいくら」という価格設定に変更し、メーカーがパソコンを出荷するたびに「チャリン！」なのである。

ほぼほぼ寝ながら稼ぐビジネスモデルの出来上がりだ！

Google社は、これを受けて、もっと「**ただであげる**」という発想に徹することにした。

最も優れたサービスをただで全世界に差し上げたのである。

それはサーチ。

そう、Googleの検索は無料なのである！


無料で利用できる検索用のソフトウエアを制作し、全世界のユーザーに提供し、みんなに使ってもらう。

すると、検索結果と一緒に広告を表示できる。

川というより、お金の津波なのだ。

この戦略は**フリーミアム**と呼ばれ、最も優れた商品やサービスを無償で提供し、残りの商品やサービスで利益を上げるという発想なのだ。

最も良いものを無料にすれば、他のもので稼げる！

Making money while
you sleep!

第14章

迷惑をこうむってなんぼ

どうぞそこにビルを建ててください

日本で**日照権**というものがある。
隣に建物を建てて、こちらの土地に日陰ができると、建設の差し止めや損害賠償の請求ができる場合があるということだ。

しかし、そこで考え方を変えれば、寝ながら稼ぐネタにもなる。
重大侵害であって、建設の差し止め請求ができるような場合、許可してあげる道もあるということだ。
それに対して、継続的な支払い（家賃みたいなもの）を要求したら面白いのではないか。
すると、不労所得になる。

「どうぞどうぞ、そこにビルを建ててください！　なんぼ高層でもいい。もっともっと日陰を作っていいよ！」

人に太陽を売ることができるのだ！

もっともっと迷惑していいよ！

養育費と慰謝料について

人が億万長者になる方法を調べると、結婚や相続といった家族絡みのケースがまあまあある。いわゆる**玉の輿**や**逆玉**もそうである。

そういうまとまったお金になるケースもあれば、継続的な収入になる場合もある。**養育費**と**慰謝料**である。

日本の場合、法律上の金額が曖昧な部分があり、当事者同士の交渉で決まることが多い。そして、養育費や慰謝料だけで、悠々と暮らす人もいる。まあ、相手がそれなりの資産や収入がある場合だけど……

もちろん別れることを目当てにスタートする話ではない。

しかし、いざ別れるとなった場合、まとまったお金よりも継続的な収入になれば、ありがたい。

止《や》めさせるよりやらせる（権利侵害の数々）

そうとなれば、数々の**迷惑料**が考えられる。

空中権侵害（自分の土地の上にスカイブリッジなどを建設したい場合）、近くにゴミ処分場や埋め立て地の新設、公害関係、産業上の事故、道の建設、騒音などなど。

時と場合によって逆に歓迎をし、快く**お金で解決**を図り、次の人生へと進めるべきである（もちろん全部ではないけどね）。

私もこれに関して面白い経験があった。

東京の目黒区で家を借りた。

これは面白い物件で、3つの住居がひとつの建物に収まっていた。

そして、屋上にプールがあった。

しかし、1階に住むオーナーからしてみれば、プールの維持費は高く、使えない状態のままプールを放置していた。

これでは良くない。

物は使わないとダメになる。

しかも、せっかくのプールが誰も使えないのではないか。

そこで、私はプールの維持費をすべてひとりで支払い、専属的にそのプールを利用できるように交渉した。

これでみんなハッピー。

オーナーはプールと建物の老朽化を防ぐことができて、私はプールを得て、そして子持ちのお隣さんにも時々貸すので、向こうは大喜びである。

ところが、しばらくすると、オーナーは、その家を売却することになり、新しいオーナーは、プールを自由に使いたいという要望を表明してきた。これは、迷惑な話である。私はプールが大好き。東京で専属的にプールを持つことも気持ちが良くて、あまりある話ではない。しかし、快く相談に乗ってあげることで、家賃がほぼほぼ無料になった！

そのとき思った。

「もっともっと迷惑されたい!!!」

Making money while
you sleep!

第15章

金融業界の
天才たちが考えた

金融業に学ぶ

金融業界の人たちはお金の性質をよく理解している。
従って、寝ながら稼ぐ方法ばかりを考える。
何千年もの昔から、寝ながら稼ぐという技を身につけている！

そう、**ローン**はまさにそうである。
人にお金を預けて、その人とそのお金に働いてもらう。
そして、利息を受け取る。

様々な規制はもちろんあるものの、あなたも人や企業にお金を貸し、利息を受け取り、不労所得を得ることができる。預金金利もまさに銀行に対するローンなのであり、また国債や社債を購入するということは、国や企業に対するローン以外の何物でもない。

しかし、ただのローンになると、金融業の数千年前の知恵止まり。現代になると、その知恵がさらに発達し、業界は様々な寝ながら稼ぐ方法を編み出している。

なぜ航空会社がクレジットカードを発行するのか

航空会社は、飛行機を飛ばし、人を現地まで届けるのが仕事だと思うのだろう。しかし、これでは寝ながら稼ぐことにはならない。パイロットに寝てもらっては困るしね（笑）。

空港のカウンターに行くと、そこにクレジットカードの申込書がおいてある。最近だと、機内でキャビンアテンダントが配布をし、アナウンスもする。機内で申込書の回収もし、それと引き換えに数千マイル分のマイレージを加算してくれる。

一体なぜだろうか？

それは寝ながら稼ぐネタになるからだ！

クレジットカード会社と提携をし、乗客に申し込んでもらい、すると永久に**バックマージン**を受け取ることができる。

そう、あなたがそのカードを使って買い物をするたびごと、航空会社が「チャリン！」なのである。

これは文字通りの不労所得である。

何もしない。

クレジットカード会社からの振り込みを待つのみである。

バックマージンは永遠なり！

最近になると、この恩恵を航空会社などに譲らず、自分のために取っておくこともできる！

クレジットカード会社はとにかく会員がほしいだけなのだから、航空会社などを経由しなくてもいい。そのために、直接クレジットカード会社にカードを申し込む顧客に対して、**キャッシュバック**を提供するシステムも立ち上がってきている。

つまり、今まで航空会社などに支払っていたバックマージンを直接カードの利用者にバックをするシステムである。

1～1・5％くらいが相場になるが、中にはスーパーマーケットでの買い物に6％もバックをしてくれたり、毎月ボーナスのカテゴリーを決めて、その中身の買い物に対して5％をバックしたりするカードもある。

マイレージより、キャッシュが欲しい！

紹介料がおいしい

クレジットカードの発行のバックマージンが実質上の**紹介手数料**なのである。

金融業界などには、この紹介手数料が数多く存在している。

私の友人で、証券会社と契約を結び、証券会社に顧客を紹介するだけで引退した人もいる。

企業同士でも、これは簡単に成り立つ。

自社の顧客を他社に紹介して、その人の購入額に応じての手数料を取る。

店同士の間でも可能である。

とにかく、誰を誰に紹介できるのかを考え、契約形態などについて、一度弁護士と相談すると良いだろう。

一回売れば、コミッションは何回ももらう

紹介手数料もおいしいが、これも一回きりで終わってほしくない。

金融業界では、昔から、この紹介手数料の永続的な支払いを確立している。

それは**トレールフィー**というもの。顧客が金融商品に投資をするとき、紹介した営業マンや営業会社に永続的に支払われる手数料のことである。

相場は、年間0・25％程度である。

つまり、1億円を投資する顧客を掴《つか》めば、毎年25万円が振り込まれるというわけだ。

なぜこのように継続的に払うのだろうか？

理由は簡単だ。

その顧客に他社の金融商品を売ってしまえば、こちらの商品を解約することになりかねないからである。だから、違う商品を売らず、顧客にそのままお金を置いておくように勧

めるメリットがないといけない。
そのためのの代金なのだ。

継続するフィーを設定しよう！

お金を預かるだけで、チャリン

本来、銀行は預金者のお金を預かると、これを借りていることになり、金利を支払うことになる。

つまり、銀行からしてみれば、そのお金をベースに誰かに貸付けをしない限り、寝ながら損することになってしまう。

しかし、それでは、銀行が黙ってはいない！

あくまでも寝ながら稼ぐのは、お金の基本。

そこで、**保管手数料**という考え方を生み出した。

例えば、投資ファンドにお金を預けるとき、それを預かるだけで**保管手数料**を徴収する。

毎年、ファンドが預かっている資産の0・1%程度を請求するのだ。

まさに預金金利を逆さまにしたのである!!!


スイスのプライベート・バンクもこれと同じ方式を導入している。

預金金利を払わず、口座にお金をおくことに対してのフィーをチャージしている。

17世紀の保管業としての銀行への逆戻り。

これらから発想をすれば、様々な**保管業**が成り立つだろう。
駐車場の経営もそうだし、**私書箱**や**貸金庫**、**倉庫業**、**トランク・ルーム**、**ペットホテル**、**ペットシッター**、**ベビーシッター**、**託児所**にいたるまで(笑)……

預かるだけ・見張るだけでお金になる。

私の友達に面白い人がいる。

この人は、お金はまったくといって良いほど持っていないが、南カリフォルニアで数十億円するような豪邸に住んでいる。しかも、そこに住むためにお金をもらっているのだ!!!

この家は、とある韓国の財閥の会長が所有しているものであるが、本人は仕事で忙しく、滅多には行けない。そこで、その家を守ってくれる人を募集して、私の友人がそれに当たったというわけだ。

毎日プールの横でゆったりしながら生活している。

その家に滅多に行けない名義人の会長と、一文無しで、そこで生活するためにお金をもらっている友達と、どちらが裕福なのだろうか？


所有する人より、実際に使っている人が裕福である!!!

固定手数料も、変動手数料も

ファンド会社は、とにかく手数料を考える名人たちなのである。

投資ファンドに投資してもらい、投資家たちに代わって、そのお金の運用をする。

すると、**運用手数料・管理手数料**が発生する。

しかし、これは利益を上げたときにのみ徴収するものではない。

そう、お金を預けているだけで発生するものである！

これは**固定マネジメント手数料**または**固定管理手数料**と言って、ファンドにお金をおいている限り、定期的に徴収されるものである。

多いところでは、年間２％程度にもなる。

つまり、１億円をおいていれば、年間２００万円にもなる！

ファンド会社にとって、お金の洪水だ。

そして、今度は、利益を上げたとき、またも手数料を課す。

今度は変動手数料ということで、利益の10～20％をいただく。

年間10％の運用実績ならば、またも２００万円の手数料の発生である。

おいしい、おいしい。

やはり、お金を稼ぐ天才たちである。

このやり方は称賛できなくても、寝ながら稼ぐことに対する意欲を高く評価し、そこから学びたい。

（余談になるが、私はファンド会社の経営に携わっていたとき、固定マネジメント手数料を廃止し、顧客が儲かるときにのみ手数料を徴収する世界初のヘッジファンドにして、2000億円の投資資金を集めたのである。やはり、良心的な商売はいつの時代でも歓迎される。)

良心的な商売は、いつの時代にも顧客にうける!

Making money while
you sleep!

第16章

世界を美しくしていこう!

エレベーターを掘れば……

私の実家のあるオレゴン州はとても田舎である。

面積は本州よりも広いが、人口は横浜市ぐらいしかいない。

1932年頃、ある3つの家族がパートナーシップを組み、何もない海岸沿いの土地を購入した。いうまでもなく、二束三文である。

そして、そこに階段を作った！

何のためだろう？

実は、その土地の下に、海からしか見えない洞穴があり、そこには無数のアシカが生息している。そして、階段を下りた先に見晴らし台を作り、アシカを見えるようにした。

途中で、階段がエレベーターに変わり、上にギフトショップも建設された。

そして、それ以降の85年もの歳月にわたり、海岸沿いのハイウェイに家族連れの車が通ると、ほぼほぼ全員がそこに停まり、エレベーターに乗り、子供たちにアシカを見せる。

大人14ドル、子供8ドル。

アルバイトを雇って、お金を受け取るだけなのだ。

観光業は自動車産業よりも大きい。スマートフォンやパソコンよりも大きい。観光業は世界一大きな産業であり、今でも成長し続けている。そして、多くの寝ながら稼ぐ機会を与えてくれる。**観光名所**を訪れるより、観光名所を所有しよう！

観光業が世界最大の産業である。

初詣に行って思うこと

毎年、正月は日本で過ごすようにしている。

クリスマスは、アメリカの方が派手だけど、日本の正月が好き。

静寂な感じで、気持ちも洗われる。

そして、初日の出を見て、初詣に行く。

そこで見る景色がとても面白いものである。
人は**賽銭箱**にお金を投げる。
人気の神社や寺になると、その量は半端ない。

松下幸之助が宗教の本部を訪れて、その経営の素晴らしさに感銘を受けたエピソードは有名であるが、私もそれを感じる。

何といっても、お客様がお金を投げてくれるから、素晴らしい。

寺院を持つと、寝ながら稼ぐことになるではないか。
クジを引くのも最近は**自動販売機**。
また、**祈祷・供養料**もその方が亡くなってから長く続くものであるから、これも凄い。

永眠している人からもお金が取れる。
やはり、寺院は凄いのだ！

これは勉強になる。

収集しているものは何？

観光名所を考え始めると、様々なアイディアがわいてくる。
博物館も**美術館**もそのひとつなのだろう。

これはいうならば、世界最強の不労所得である。
だって、自分の財産を見てもらうためにお金をもらうのではないか！

博物館の種類に限界はない。
あなたの収集しているものは何だろうか？

私は8歳の頃からコイン収集をやっているが、いつかドルの歴史博物館でも作ろうかと考えている。お金を見せるためにお金をもらう。これ以上の商売はない!!!（笑）

地元を調べてみると、科学技術の博物館、オレゴンの歴史博物館、子供の博物館、鉄道の博物館、海上博物館、日系アメリカ人博物館、ユダヤ人と大虐殺教育博物館、帽子博物館、カヌー博物館、人形博物館、掃除機博物館まである……

何でも博物館になる！

世界一の日本庭園

日本以外で、世界一の日本庭園はオレゴン州のポートランドにある。
庭園も素晴らしい観光資源になる。
ローズガーデンもある。
中国の庭園もある。

東京なら、根津美術館の庭園も菖蒲の時期になると大賑わい。

入場料が取れるものならば、何でも寝ながら稼ぐネタになるではないか。

人が行きたい場所であれば、入場料が取れる。

我が家に遊びにおいで

家に訪問客を受け入れるだけで生活していけるようになったら最高なのだと思う。
どうすれば自分の家が観光名所になるのか……

車でアメリカを観光していると、様々な著名人の家が観光名所化している。
プレイボーイ・マンションは、パーティーを開催するだけで成り立つほどである。

ビートルズのジョージ・ハリスンが住んでいた家を解体し、新しい家をそこに建設した人がいるが、何ともったいない話なのだろう。
ビートルズ博物館でも作ればいいのに……

有名人でなくても、家を解放することが収入源になる。
例えば、留学生を下宿させたり、または子供の**里親**になったりするとそうなる。

とにかく世界を美しくし、人の訪れたい場所をひとつでも作っていきたいものだ。

とにかく世界を美しくし、そこに人を呼ぼう！

Making money while
you sleep!

第 17 章

政府の甘い汁を吸う

漁業と農業は何業？

農協や漁業組合は日本で最強の利権団体である。

そして、そのために、毎年多額の**助成金**などが政府から支払われる。

実際のところ、農林水産省に問い合わせて、年間いくら支払っているのかを尋ねたことがある。すると返事はこうだった。

「そんなのね、出どころがいろいろあり過ぎて、とてもじゃないけど、集計できませんよ！」

政府も把握できないほどのお金が動いている。


政府も把握できないほど、多くの助成金がある！

例えば、漁業を例にとってみると、河川を管理するための費用や、人が魚釣りをしたいときに払うお金、海岸沿いの工業施設などの建設に伴う**損害賠償金**、いくらでも甘い汁を吸うネタがある。

創業、ものづくり、小規模事業支援、キャリアアップ、研究開発、グローバル展開、NPO、省エネ設備導入、展示会出展、販路拡大、農水、国交を合わせると3000種類以上もの助成金があるのだ！

ただでもらえるお金は結局もらっておくしかないかも……

免許を取得すれば……

経済学を勉強すると、独占ほどおいしいものはないということを学ぶ。そして、基本的に**独占状態**のほとんどが政府によって作られるものである。

他者がその業を行なうことが法律によって禁止されているために独占になってしまうというわけだ。

そして、独占になれば、価格などは言い値になる。

昔、私の友人がタクシー何台かの営業許可を政府から取り、実質上の**免許貸し**で長年にわたり不労所得を得ていた。

もちろん、免許の種類によっていろいろな法律上の規制があり、それを厳守しなければならない。しかし、免許を持っている人がいないと業を行なうことができないとなれば、その免許を持っている人はかなり有利な状態になり、寝ながら稼ぐ、あるいはそれに近い状態を作り出すことができる。

クレーン車を購入した父の友達

昔、父親から聞かされた話である。
我が家の近くに高速道路が通ることになった。
それを受けて、父の友人が何をするかと思ったら、いきなりクレーン車を購入した。
周りのみんなからどうかしているに違いないと思われたが、本人にはプランがあった。
そのプランとは、ひたすら待つことだった！

何日経っても、待つのみである。
何週間経っても、待つのみである。
数ヶ月経っても、待つのみである。

やがて彼の待っていた日が訪れた。

大きなトラックが高速道路の上で転倒した。

全レーンが遮断され、交通がまったく動かない。

そして、そのトラックを動かせるほどのクレーン車を持っているのは、彼ひとりだけだった。


動かすための価格設定は言い値である。

彼しかいない。

動かせる人がいるというだけで、みんながありがたい。


そして、次の事故を待つ。


彼のクレーン車は現地の基本インフラのひとつとなり、彼のための高速道路の専用入口まで建設される運びとなった。

それからというものは、クレーン車の運転手をひとり雇い、事故があるたびに自動的にお金が入るようになり、それで引退したのである。

誰もが必要としているものを持つことだ！

人の税金を払ってあげる⁉

世界に目を向ければ、寝ながら稼ぐ方法をさらに多く発見することができる。

例えば、アメリカの場合、固定資産税は州税になっている。

そこで、州によって制度は異なるが、滞納した税金の金額で土地の権利書を売る州もある！　この場合、滞納した人が高い利息を権利書を購入した人に支払う。そして一定の期間で返済しないと、土地が、代わりに納税してくれた人のものになる。

この制度は、**租税先取特権**といって、なかなかおいしい。

常に高い金利を受け取り、たまには棚からぼた餅的な収入にもなる。

電波を押さえた人たち

政府が作り出す独占の中には、**電波**の利用などがある。

電波の周波数に限りがあるから、その利用を免許制にし、テレビ局やラジオ局に割り当てる。そして、その**既得権**が長年にわたり、お金を刷るに匹敵する寝ながら稼ぐ最強の道となった。

ケーブルテレビの権利も同様に多くの国で素晴らしい既得権となり、巨額な財産の元となっている。

最近、インターネットの普及などで、その価値は下がっているといえるが、政府が次に与える独占権に目を光らせて、既得権から発生する不労所得を得よう。

砂は永遠に

政府が牛耳るもののひとつに**環境問題**というのがある。

人間は生活するために、ある程度環境に害を与える必要がある。
そして、その程度を抑えるために、それにまつわるもののほとんどを許認可制にし、その許認可を取っているところは、既得権となり、競合のない状態で商売をし、運用を他者に任せれば、権利を取得した人は、半永久的に寝ながら稼ぐことができるはずである。

例えば、私の実家があるポートランドの話をしよう。
街を作るためにコンクリートが必要である。
そして、コンクリートを作るために、砂が大量に使われる。
その砂はどこから採掘するのか？

通常、これは山を削って採掘することになるが、ポートランドでは、川の中にある島から砂を掘り、街を作り上げている。そして、その権利を持っているロス・アイランド・コンクリート社が75年間、それで独占商売を続けている!

採石場、**鉱山**、**ゴミの処分**、**埋め立て地**、いくらでもバリエーションがある。

埋め立て地経営が最高で最強。

人がゴミを投げに来て、一緒にお金を投げてくれるからである。

砂は永遠に。ゴミも永遠に。

Making money while
you sleep!

第 18 章

保険をかける

保険会社になる

保険会社も金融業の内。そして、さすがに寝ながら稼ぐ方法を知っている。

ウォーレン・バフェットに最強の秘訣があるとすれば、それは初めに保険会社を買収し、そこから出てくる収益で他の企業を買収しているということである。

保険会社には、**フロート**というものがある。つまり、入金と出金の間には、かなり長い時間がある。保険金は、毎月振り込まれる。そして、事故が起きたりするまでは、そのお金は不要であるから、他の寝ながら稼ぐものに投資できる。

保険金自体も最高の不労所得。

契約を取ってから、毎月の振込を確認するだけである。

事故が起きれば、調査と払い出しの業務は発生する。

保険会社の販売する**年金**なども使えるし、保険をかける側に回ることもできる。

セキュリティの時代

9・11の事件が起こり、当時指導していた経営者たちから聞かれた。「これからの時代に儲かる商売は何か？」

その答えはもちろん複数あるが、そのひとつはセキュリティである。

みんなが様々な形で不安を感じ、よりいっそうセキュリティに対する意識が高まり、その投資も活発になる。

そして、**警備・セキュリティ**などの業務は、保険同様に、毎月お金が振り込まれて、管理センターで事件が起こるのを待つのみである。

これはひとつの原則を表す。

お金の振込を受けてから、対応するまでの間が長ければ、寝ながら稼ぐネタになる。

お金の振込を受けてから、サービス提供までの時間は長い方がいい！

貸金庫が不足している

どこの銀行に行って聞いてみても、**貸金庫**になかなか空きがない。

銀行業自体もそもそも**保管業**からスタートしたが、相手の物がおいてあるだけでお金になるからおいしい。

他の保管業と違って、貸金庫にはセキュリティの要素が大きいので、ここで再登場させている。

セキュリティの対象や形を様々考えよう。

海外での誘拐保険、警備、防弾車の貸し出し、富裕層向けの災害時のシェルター、いくらでもバリエーションがある。

最近、アメリカでは、廃止になった核弾頭ミサイルの施設を政府から購入し、中をリフォームして、災害用の避難所として億万長者たちに貸し出している。

なかなか面白い発想である。

核兵器が当たっても平気なので、それなりに需要も出ている。

年金っていいもの？

年金生活が老後の代名詞にまでなっている。
そして、必ずそのシステムに加入していた方がいいと思う。

これは社会の**セーフティーネット**と呼ばれ、まさに安全網である。
落ちたときに救ってくれる。
必要にならないことに越したことはないが、必要なとき、本当に必要なのだ。

少なくとも、最低限の年金がもらえるようにしよう。
日本の場合、25年間支払っていれば、受給権が得られる。（変更の計画がある。）
アメリカの場合、最低10年間になる。
海外勤務して、海外の年金を狙うという道もあるだろう。

雇用保険もこれと同じ部類になると思う。
これは様々な場合において、寝ながら稼ぐ収入を与えてくれる。

失業した場合、**失業保険**として、勤務年数に応じて3~5ヶ月の給付が得られる。

育児の場合、**育児休業給付**として、給与の67%(6ヶ月経過後は50%)に当たる額が支給される。

また、**高年齢雇用継続給付**というのもあり、60歳以上で給与がカットされれば、一定の補助金が支給される。


こうしたセーフティーネットに加入し、自分と家族を守ることは大切なのである。

なお、経営者は雇用保険に加入できないが、他の人の会社に勤める合理的な理由が見つかれば、先方の会社で加入できるので、少し検討もしておきたい。

子供を作ろう……

少子化は日本が抱える最大の問題なのである。

経済の問題も、政府の財政難もすべてがここに端を発している。

しかも、次の世代を生むべき世代は生まれていないので、タチが悪い。

簡単に解決はできないのだろう。

しかし、少し考えれば、一日で一法案で修正できるのだと思う。

年金制度を廃止すればいいのだ！

これはやや過激な発言だというのは百も承知。

しかし、一理あるので、考えておくことにしよう。

今の少子化の傾向の裏には、経済事情がある。

昔の人は、子供を産まないと、老後の過ごし方がみえてこない。

誰か自分の面倒を見てくれる人がいないと、路頭に迷ってしまう。

だから子供を産む。しかも、最初のひとりが親不孝ならば困るので、保険として2人目や3人目も産む。

しかし、今社会のセーフティーネットが充実している。老後は政府に面倒をみてもらえる。だから、子供がいなくても困らない。しかも、子供を育てるのには、日本で教育コースによって異なるが、概《おおむ》ね3000万円かかるということを考えると、産まない方が経済的に有利だということになる。

子供を儲けずに、老後の面倒を違う誰かの子供にみてもらおうという横着な考え方になっている。

しかし、その人たちも子供を作っていないので、一体誰がこれからの時代の老人たちの面倒をみるのだろう?

やはり、次の世代があってこその未来なのだ。

子供は最強の保険であり、国の救済にもなり、日本の文化を継承することにもなり、絶対に必要なのだ!

良い子供を産み、正しく教育をし、良い価値観を伝え、老後は孫を抱えながら楽しく過ごそう。

余談にはなるが、日本に養育費という「親が子の面倒をみる法的義務」があると同じように、シンガポールでは**養親費**《ようしんひ》という「子が年をとった親の面倒をみる法的義務」が成立している。とても的を射た発想なのではないだろうか?

子供に勝る社会のセーフティーネットはない!!!

Making money while
you sleep!

第19章

121の方法

おさらいをしよう……

ここまでお読みいただきありがとうございます。

あなたが読み、そして、実践し、生活を良くしていくということは、私にとっての何よりもの幸せである。


さてと、本書の冒頭において、寝ながら稼ぐ方法を１２１も紹介すると述べた。それだけあるのだろうか？

いやもっとある!!!


しかし、とりあえず本書で紹介した１２１の方法をここでまとめておくことにしよう。

思い出しながら復習し、そして、そろそろ自分自身はどのようなところからスタートするのかを考えてみよう。

寝ながら稼ぐ121の方法

1 貸金の利息
2 普通預金
3 国債
・外国国債
4 社債
・外国社債
5 定期預金
6 外貨預金
7 転換社債
8 不動産担保ローン（オーナーファイナンス）
9 定期課金
10 会員制度
・読書クラブ
・ゴルフ場
・スポーツクラブ

11 定期発注契約

12 最低発注額保証契約

13 商品の定期発送

14 定期購読

15 ファイナンス契約

16 保全契約

17 依頼料

18 売上のシステム化

19 商業用不動産の賃貸

20 無線塔の設置・リース

21 商品のリース

22 商品を買うためのファイナンス契約

23 立ち上げた会社の経営委任

24 外部役員報酬

25 企業売却のアーンアウト

26 株式投資（外国株を含む）・10％時点のマーケット・リーダー

・一定の変動株
・空売り
27 株式の配当金
28 住宅やマンションの賃貸
29 著作権の印税
30 機材のリース
31 失業保険
32 年金
33 トレールフィー
34 保管手数料
35 レバレッジ手数料
36 元金保証手数料
37 固定管理手数料
38 持ち家の値上がり
39 下宿
40 ホームシェア
41 Airbnb

42 バケーションレンタル
43 不動産投資信託（ＲＥＩＴ）
44 借金とインフレ
45 タクシーやレンタカー
46 太陽光や風力発電
47 有料道路やトンネルなどの料金所
48 売上のパーセンテージを受け取る契約
49 特許のライセンス契約
50 登録商標の利用料
51 ＵＲＬの貸し出し
52 ブログ
・広告収入
・アフィリエイト収入
53 YouTubeやUstream
54 有名人になり、メーカーの服を着たり、商品を使ったり……
55 貸し看板
56 映画やテレビ番組における商品のプレースメント

57 タクシーやUberにおける広告
58 店の壁やテーブル、メニューにおける広告
59 イベントにスポンサーをつける
60 名前貸し
61 推薦料
62 紹介手数料
63 Facebookのページ
64 Amazonのアフィリエイト
65 iTunes
66 電子本の出版
67 DVDの出版
68 出会い系サイトの運営
69 アプリの販売
70 歌や音源の販売
71 ネットオークション
72 ネット店舗
73 月謝

74 免許料
75 資格制度
・教材
・試験料
・認定料
・更新料
76 企業の品質保証などのマーク
77 ネットワーク・マーケティング
78 フランチャイズ
79 ライセンス契約
80 ブックエージェント
81 販売や輸入の独占権
82 ソフトの事前インストール
83 ソフトなどのアップグレード
84 日照権や騒音などの迷惑料
85 損害賠償金
86 養育費

87 慰謝料
88 クレジットカードの発行
89 駐車場
90 私書箱
91 貸金庫
92 倉庫
93 トランク・ルーム
94 ペットホテル
95 ペットシッター
96 ベビーシッター
97 託児所
98 ハウスシッター
99 観光名所
100 自動販売機
101 寺院の賽銭箱
102 御神籤《おみくじ》
103 祈祷料・供養料

104 博物館

105 美術館

106 庭園

107 有名人のお宅拝見

108 里親

109 政府の助成金

110 漁業権

111 政府の作り出す独占権

・免許貸し

・テレビやラジオの電波権

・ケーブルテレビの権利

112 唯一のクレーン車

113 租税先取特権

114 鉱山や採石場などの自然独占商売

115 ゴミ処分やゴミの埋め立て地

116 保険

117 私的年金（保険会社が販売するものを含む）

118　警備とセキュリティ

119　避難所の貸し出し

120　社会のセーフティーネットの利用

・失業保険

・育児休業給付

・高年齢雇用継続給付

・公的年金

121　子供に面倒を見てもらう（養親費）！

原則を思い出そう！

ここまで、寝ながら稼ぐ方法をたくさんみてきた。

しかし、具体的な方法よりも、原則の方が大切なのである。

原則を理解していれば、自分で新しい方法を編み出すことができるからである。

そこで、ここまで紹介してきた大切な原則もおさらいしておくことにしよう。

細かくいえば、もっとあるけれど、ここで最も大事だと思われるものを30個復習しよう！

1 起きていながら稼ぐよりも、寝ながら稼いだ方が良い。
2 働くときに、お金をもらってはならない。働き終わってからもらうようにしよう……
3 一回の仕事に対して、一回の支払いで終わらせないこと。何回も支払いを受ける仕組みを作ろう……
4 時間を売ってはならない！価値を売るようにしよう……
5 足し算ではなく、掛け算にしなければならない！複製・コピペが基本。
6 水を汲むより、川を掘ること！
7 寝ながら稼ぐ前に、起きていながら稼ぐ。就職は、学校の延長線だ。
8 利息を払うより、利息をもらった方が良い。
9 金利のついていないお金を持たないこと。
10 小さくてもいいので、早く寝ながら稼ぐ道に入った方が良い。あとは改善があるのみ。

11 ビジネスは〝紙〟を信じる宗教。契約を大切にしよう……

12 変動売上を固定売上に変える仕組みが慢性的黒字を生み出す。

13 一回の売上で終わるぐらいなら、リースしたり、商品代金を貸してあげたりしよう……

14 基本的に何でも委任できる。

15 勝つために、ゲームに参加しなければならない。

16 ゲームのルールをよく学ぶこと。

17 感情のコントロールがすべて。

18 集中投資で億万長者になり、分散投資でその資産を守る。

19 一度お金持ちになれば、そのお金をリスクに晒《さら》してはならない。一晩中テーブルからお金を下ろし続けること。

20 お金は家族を守るためのもの。緊急用の引き出しを忘れてはならない！

21 美味しい昼食を食べられるほどのお金を侮ってはならない。

22 複利効果は世界の七不思議。長期投資で、その効果を活かそう。

23 人に家賃などを払うくらいなら、自分に払った方が良い。

24 持ち物のすべてがお金を生み出してくれる。自分のためにだけ持たず、人に使わせてあげれば……

25 アイディアと想像力以外の限界はない！

26 人の目・注目さえ集めれば、広告でいくらでも稼げる。

27 お金は価値創造の結果である。とにかく人の役に立つことをしよう。

28 世界を美しくしよう……

29 社会のセーフティーネットが重要である。次の世代を育成することが肝心である。

30 一流のアドバイザーや情報が大切だ。いや、これ以上のものはない。お金の師匠・コンサルタントを持つことが必須である。

Making money while
you sleep!

第20章

早速始めよう!

収入を増やすか？　経費を抑えるか？

最終的に寝ながら稼ぎ、悠々と引退できるようになりたい。

引退するかどうかは、別問題……。


引退しなくても、引退できるようになりたい！


そのための戦略はふたつある。

ひとつは、**収入**を増やし、太い川を掘り、いくらでもお金の流れがあるようにすることである。

本書はその方法を多く見せているし、想像力次第で、いくらでも他の方法を考えることができよう。


しかし、収入を増やすことに苦労する人は絶望するしかないのだろうか？

いや、そうでない。

もうひとつの方法がある。

それは**経費**を極限まで抑えることである。

あるとき、フィジーに行っていた。

そして、ある友人と一緒に語り合っていた。

彼はとても裕福で、お金持ちであった。

訪れていた島は離島で、社会のインフラがまったくといっていいほど、整っていない。病院がない、薬局がない、スーパーもない。

それを見て、友人はいろいろなビジネスを考えた。「こういうのはないから、作ったら儲かるよね。こういうのも利益が出るはずだ。そして、これとこれとこれとこれをやったら、いっぱい稼げるから、後はビーチで横になってゆっくり過ごしていられる」

さすがに寝ながら稼ぐことばかりを考えていた。

それを横で聞いていた現地人が口を挟んだ。

「なぜ今日しないのですか？　俺たちは毎日あのビーチで横になってゆっくりしているよ」

そう、ビーチで横になるのは、お金のかからない生活である！

貧乏でもできる。

収入を増やすか、経費を抑えるか、ふたつにひとつである。


よくよく考えると、生活の費用のかなりの部分は、仕事をするために発生している。また社会のために見栄を張ることに端を発している。しかし、健康で楽しい毎日を過ごすだけなら、大して費用はかからない。

うちのママを見て、よくそう思う。

引退生活で、年金で暮らしていても、人にお金を寄付するほど資金が余る。


優雅に暮らしたい。

でも無駄は別の問題なのだ。

今の生活の中に発生している無駄な出費を無くそう。

そして、本当にしたい生活にいくらかかるのかを洗い出してみよう。


本当にしたい生活をしよう！

無駄を無くし、

時間を味方にする

寝ながら稼ぐということは、時間が味方をしてくれるという道である。複利効果を味方にする。月末にさえなれば、家賃収入が入ってくる。長期的にみて株式市場が上昇する。会社が成長する。果実が実る。

そこで、焦らずに良い川を掘り、水が流れてくるのを待とう。焦って、時間をかけずにやろうとすると、うまくいかない。時間は敵ではない。味方なのだ。

正しい戦略を立て、実行し、後は時を待つ。

焦らずに、長期の視野で投資しよう！

計画を立てよう……

そろそろ計画を立ててみよう。本書の中でたくさんの戦略や考え方が紹介された。あなたに向いているものはどれだろうか？　トップ3を打ち出し、実行し始めよう。

1.

2.

3.

いつそれをするのだろうか？

どのようにしてそれを実行するのだろうか？

それに必要な知識を得るために、どのように勉強するのだろうか？

誰を顧問にするのだろうか？

計画は成功の始まりである。

計画は成功の始まりである！

私も手伝ってあげる……

寝ながら稼ぐたくさんの方法をみてきた。利息から起業、観光スポットからリース、不動産賃貸からネットワーク・マーケティング、株式投資から知的所有権や広告収入にいたるまで……そして、自分なりの計画も考え始めている。

いよいよ、本書は終わりを迎えようとしている。しかし、ここでお互いの関係が終わってほしくない。いや、それどころか、これがお互いの付き合いのほんの始まりに過ぎないのだと思う。

寝ながら稼ぐ道に入ると、たくさんの知恵、人のアドバイス、より細かいノウハウ、または応援や励ましが必要になる。

私ももっと早い時点で、そうしたものに出合っていれば、もっともっと早く楽になれたと思うし、また多くの失敗や回り道を避けることができたはずである。

人生において、私たちに最も大きな影響を与えるのは、人との出会いであり、またその中で最も貴重な出会いは良き師匠との出会いであるに違いない。

そこで、私は喜んでその役割を引き受けたいと思うし、良きコンサルタント、メンター、アドバイザー、コーチ、友人になれたら心から嬉しく思う。

そのために、ＬＩＮＥでつながって、まずは親しくなりたいと思う。自分のＬＩＮＥでのタイムラインを通して、寝ながら稼ぐさらなる知識やアドバイス、映像のライブ配信や、直接私に会って、いろいろな質問ができる無料のセミナーも案内している。

早速、自分のＬＩＮＥを開けて、@jameslineを検索すれば、あるいはこのページの最後に入っているＱＲコードを読み込めば、私と直接つながり、この旅を次のレベルまで進めることができる。このＳＮＳの時代は本当にありがたい。数分後に私たちは話していられるというわけだ!!!

ＬＩＮＥで、ジェームスと直接お友達になるＱＲコード

お金が好きになる

最後が近づいてきたが、私の専門分野にあたるメンタル面について言及しておきたい。

多くの人は、学校などでお金を憎むように教育されている。


「お金は汚いもの」

「お金は諸悪の根源」

「お金持ちに碌《ろく》な人はいない」

「経済格差があってはいけない」


このような思いを抱《いだ》いていると、あなたはお金にモテない。


「お金はいいもの」

「お金は家族や周りの人たちを幸せにする道具」

「お金は価値創造の副産物。大いに道徳に適っている」

「お金持ちになりたい。そして、そうすることでもっと人生を謳歌《おうか》し、貢献もしたい」
「お金は自分の人生のミッションを実行するために便利なものである」

毎日をこのような思いでスタートしよう。
お金が好きになれば、お金もあなたのことを好きになってくれるに違いない。

お金が好きになれば、お金もあなたのことを好きになってくれるだろう。
お金持ちのことを良く言うようにすれば、
自分もその仲間入りができるだろう。

終わりに

終わりになってきた。

楽しい旅であった。

ここまで付き合ってくれてありがとう！

あなたが読んでくれたということは、著者の私は書く甲斐があったというもの。


あなたの成功を祈る。

寝ながら稼ぐたくさんの良い報告を待っている。

あなたの成功は、私の一番の喜びとするところである。


あるとき、ある男性が私のセミナーに参加した。

ホームレス寸前で、セミナーが行なわれているホテルに宿泊するお金もなく、駐車場にテントを張って、寝泊まりしていた。

その彼は今、不労所得だけで悠々と暮らしている。

こういう成果が私の毎日の励みであり、ますます応援したくなる原動力である。

ホームレスからのスタートでも、成功の夢が抱《いだ》ける！

お金は価値創造の結果である。
人の幸せを喜び、それを応援する結果である。
あなたも人の幸せを応援し、喜ぶようになれば、これは何よりもあなたの人生を豊かにしてくれる。

そして最後に、近々お会いしましょう。

愛を込めて

ジェームス・スキナー

読者の特典情報と
著者とのつながり

LINEのID検索：@jamesline

Facebook: www.facebook.com/james.manabi

セミナー情報：www.jamesskinner.com

早くつながってね！
いっぱい素敵な情報を
プレゼントしてあげる。

ジェームス・スキナー
1964年アメリカ合衆国生まれ。19歳で来日。早稲田大学で国際ビジネス論を学び、在日アメリカ合衆国大使館に勤め、その後、大手電機メーカーのサラリーマンに。そして、大手企業の海外資金調達を応援する財務広報の道に入る。西洋人初・歴史上最年少、日本で認定経営コンサルタントの称号を獲得。数百もの大企業・業界団体・政府省庁などを指導。フランクリン・コヴィー・ジャパン社の社長兼会長を経て、日本にミリオンセラーを記録した『7つの習慣』（キングベアー出版）を和訳し、日本のビジネス界に広める。それ以降、『成功の9ステップ』シリーズ（幻冬舎）、『お金の科学』シリーズ（フォレスト出版）、『100%』（サンマーク出版）など、14冊ものベストセラーを刊行。

また、起業家としては30社余りの会社を設立、日本・米国・シンガポール・スイス・イギリス・ニュージーランド、香港などで経営。2000億円以上の管理資産を運用するヘッジ・ファンド・グループの会長も歴任。株式投資でも、並外れた成績を記録。

そして、Economist・Financial Times・Business Times・Forbes・South China Morning Post・CNN、日本経済新聞・日経産業新聞・朝日新聞・産経新聞・夕刊フジ・週刊朝日・サンデー毎日・文藝春秋・NHK・テレビ朝日・フジテレビ・読売テレビ・テレビ大阪・日本テレビ・テレビ東京・日経CNBC・TOKYO FMなど、国内外のメディアがその活躍に注目している。「成功の9ステップ」などのセミナーも大人気を誇り、今までセミナーや講演会の参加人数は50万人近くに上る。

趣味は、日本庭園造り、ヨガ、トライアスロン、世界旅行、読書など。

寝《ね》ながら稼《かせ》ぐ121の方法《ほうほう》

2017年7月28日　初版発行
2017年9月10日　３版発行

著者／ジェームス・スキナー

発行者／川金　正法

発行／株式会社KADOKAWA
〒102-8177　東京都千代田区富士見2-13-3
電話　0570-002-301（ナビダイヤル）

印刷所／図書印刷株式会社

KADOKAWAカスタマーサポート
［電話］0570-002-301（土日祝日を除く10時～17時）
［WEB］http://www.kadokawa.co.jp/（「お問い合わせ」へお進みください）
※製造不良品につきましては上記窓口にて承ります。
※記述・収録内容を超えるご質問にはお答えできない場合があります。
※サポートは日本国内に限らせていただきます。

定価はカバーに表示してあります。

ISBN 978-4-04-602043-7　C0030